Mit Feng Shui
durch das Jahr 2006

Mit FENG SHUI durch das Jahr 2006

Tipps für jeden Tag

tosa

Alle Rechte vorbehalten
Satz und Layout: www.textwerkstatt.at
Cover von Joseph Koó
Copyright © 2005 by Tosa Verlag, Wien
Druck: Ueberreuter Print

www.tosa-verlag.com

INHALT

VORWORT   6

EINLEITUNG   8

    Feng Shui in der westlichen Welt   8
    Tipps aus der Praxis   11

TEIL I

FENG SHUI UND CHINESISCHE ASTROLOGIE   15

    Wer herrscht wann im chinesischen Tierkreis?   16
    Die chinesischen Tierkreiszeichen   18
    Die Welt der fünf Elemente   24
    Die Beziehungen der Elemente zueinander   30
    Tierkreiszeichen und Elemente   33
    Wohlfühlen mit der Kua-Zahl   39
    Bagua und Himmelsrichtungen   41
Verwendete Symbole   46

TEIL II

KALENDER MIT FENG-SHUI-TIPPS FÜR DAS JAHR 2006   47

TEIL III

IHR TIERKREISZEICHEN UNTER DEM EINFLUSS DER MONATSREGENTEN   155

*Feng Shui ist eine Mischung aus
gesundem Menschenverstand und Psychologie
und nutzt außerdem
die unsichtbaren Kräfte des Universums
(Gill Hale)*

VORWORT

Feng Shui, die alte fernöstliche Kunst des Lebens im Einklang mit den unsichtbaren Kräften des Universums, ist auf dem Vormarsch. Auch im Westen erkennen immer mehr Menschen, Ärzte und Laien, dass es krank machende Energien gibt und dass wir gut daran tun, diese aus unserer Umgebung, in der wir uns wohl fühlen und entspannen wollen, möglichst auszuklammern.

Die Beschäftigung mit Feng Shui bedarf also eigentlich keiner Begründung – einige Aspekte zu diesem Thema und dazu, wie wir fernöstliche Lebensweisheit in unseren Alltag einbauen können, ohne unsere Probleme nur mit etwas Aufgesetztem zu verschleiern, finden Sie in der Einleitung zum Thema „Feng Shui im Westen".

Ein Feng-Shui-Kalender bedarf dagegen schon eher einer Begründung. Er muss sich zunächst Fragen Stellen wie: Kann es überhaupt für jeden Tag einen Feng-Shui-Tipp geben, der für jeden Menschen und jeden Tag zutrifft? Ist das Zusammenspiel aus eigenem Geburtsjahr, individueller Wohnumgebung und besonderer Lebenssituation nicht viel zu vielfältig, als dass man es in Tipps in einen Kalender verpacken könnte?

Der vorliegende Feng-Shui-Kalender verbindet die Regeln des Feng Shui mit den aktuellen Energien jedes einzelnen Tages des Jahres gemäß der chinesischen Astrologie und im Anhang mit Ihrer individuellen astrologischen Konstellation. Die Ausdeutung der Energiekonstellationen muss dabei aus Platzgründen weitgehend Ihnen überlassen bleiben. Doch Sie finden hier wertvolle Ansätze. Wie wichtig die Energie eines Tages sein kann, zeigt sich auch darin, dass im alten China Hochzeitstermine auf das Paar abgestimmt zwei Monate im Voraus genau festgelegt wurden!

Sie finden hier im ersten Teil zunächst eine Übersicht, die Ihnen „Ihr" chinesisches Tierkreiszeichen und Element verrät sowie Ihre Glückszahl. Dann finden Sie erklärt, was die alte Weisheit der chinesischen Astrologie mit diesen Tierkreiszeichen und Elementen verknüpft, wie sich die Tierkreiszeichen miteinander „vertragen", wie sich die Elemente untereinander beeinflussen und wie sie auf die Tierkreiszeichen modifizierend wirken. Danach erfahren Sie, wie sich Ihre Glückszahl auf Ihr Wohlbefinden in bestimmten Himmelsrichtungen auswirkt und was das für Ihr Wohlfühlen in Ihrer Wohnung für Folgen haben kann.

Der zweite Teil ist der eigentliche Kalender, in dem Sie für jeden Tag die herrschenden Tierkreiszeichen und Elemente finden. Sie können anhand der Informationen der Einleitung selbst abschätzen, ob dieser Tag für Sie stressig oder angenehm werden wird, je nachdem, wie sich Ihr Tierkreiszeichen mit dem Energienmix des Tages verträgt.

Im dritten Teil finden Sie für jeden Monat eine auf Ihr Tierkreiszeichen abgestimmte generelle Prognose. Sie ist notgedrungen oberflächlich und berücksichtigt noch nicht einmal das Element Ihres Geburtsjahres (das kennen wir ja nicht), kann Ihnen aber ein Beispiel für den Umgang mit dem Feng-Shui-Kalender geben.

Die Tipps, die jeden Tag begleiten, können nur allgemeiner Art sein, erinnern Sie aber immer wieder an Kleinigkeiten, die Ihr Leben mit den Kräften des Universums beeinflussen.

Nun bleibt uns nur noch, Ihnen alles Gute für das Jahr 2006 zu wünschen. Unterschätzen Sie nie die Macht des Feng Shui, und bleiben Sie offen für alles Unerwartete!

FENG SHUI IN DER WESTLICHEN WELT

Vielleicht werden Sie dann und wann ein wenig schräg angeschaut, wenn Sie diesen Kalender zücken um Ihre Termine einzutragen. Feng Shui? Eine weitere, Glückseligkeit verheißende fernöstliche Heilslehre, die wir haltlosen Europäer wieder einmal unverändert und unhinterfragt importieren? Haben wir denn wirklich nichts Eigenes?

Möglicherweise folgen Sie aber auch einem anderen Extrem und erhoffen sich von Feng Shui eine vollständige Veränderung Ihres Lebens, eine tiefgehende Wandlung und eine Lösung all Ihrer Probleme. Dann sollten Sie diesen Kalender lieber nicht kaufen oder, wenn schon geschehen, sofort an eine liebe Freundin verschenken. Das kann er nämlich nicht!

Feng Shui ist kein starres Konzept, das sich 1:1 in den Westen übernehmen lässt und bei peinlich genauer Befolgung der Regeln grenzenloses Wohlbehagen beschert. Andererseits wäre es ebenso verfehlt, es als etwas abzutun, das mit uns überhaupt nichts zu tun hat und in der westlichen Welt jeder Grundlage entbehrt. Feng Shui beschreibt keine Lebensform, die uns so fremd wäre, dass wir sie nicht für uns nutzen könnten und in vielen Bereichen sogar bereits nutzen, auch wenn uns das vielleicht nicht klar ist.

Feng Shui ist im Grunde nichts anderes als ein gesundes Gespür dafür, wo wir uns wohl fühlen, und das Wissen darüber, warum das so ist.

Es ist ganz selbstverständlich, dass wir uns von unserem Zuhause wünschen, es möge ein Ort des Rückzugs und der Erholung sein, wo wir uns auf die Aufgaben vorbereiten, die uns draußen erwarten, wo wir endlich einmal uneingeschränkt die Umstände selbst bestimmen können und uns ungestört, geschützt und wohl fühlen. Ein Heim, das diese Grundbedürfnisse nicht erfüllt, ist auf Dauer nicht zu ertragen.

Jeder von uns ist in der Lage gewisse Grundregeln zu erkennen und wendet sie auch, bewusst oder unbewusst, ständig an. Sie haben wahrscheinlich Vorhänge an den Fenstern, die Sie zuziehen, wenn Sie den Blick des Nachbarn oder die grelle Sonne aussperren möchten. Sie werden Ihr Schlafzimmer wahrscheinlich in den ruhigeren Teil der Wohnung gelegt haben und Ihren Schreibtisch sicher nicht mit Blick auf das kuschelige Nachtlager aufgestellt haben (falls doch: Ändern Sie das sofort – Sie werden merken, um wie vieles munterer Sie plötzlich bei der Arbeit sind). Sie wissen, wie gut es mitunter tun kann, eine Tür zu schließen, wie völlig verändert ein Raum wirkt, wenn Sie nur das Sofa umstellen, eine neue Pflanze kaufen oder einen kleinen Farbtupfer in Form eines bunten Übertopfes oder eines Bildes setzen. Um den Esstisch bilden sich mit der Zeit fixe Sitzordnungen, die, ohne dass sie jemals vereinbart oder auch nur mit einem Wort erwähnt wurden, unumstößliche Gültigkeit besitzen. Warum ist das so?

Alle Dinge, die uns tagtäglich umgeben, haben Symbolcharakter. Farbe, Form, Ausrichtung und Zweck des Raumes, der Möbel und Gebrauchsgegenstände legen fest, welche Wirkung sie auf uns haben, wenn wir uns in ihrer Nähe aufhalten.

Und es ist mitnichten so, dass ihnen dieser Symbolwert künstlich „aufgepfropft" wird. Wir schleppen nämlich allesamt einen riesigen Bestand an Assoziationen mit uns herum, die zum Teil unserer Kultur angehören, die wir also schon mit der Muttermilch mitbekommen haben, zum anderen Teil aber der ganz individuellen Lebenssituation und dem persönlichen Erfahrungsschatz entspringen.

Und hier wird es jetzt richtig interessant. Ein wunderbares Beispiel ist unsere Zahl Vier, der die Fünf im Chinesischen gegenübersteht. Die Fünf hat für uns keine große Bedeutung, während die Vier für die Chinesen eine Unglückszahl ist. Heißt das jetzt, wir müssen mit dem Feng Shui auch die Besetzung der Farben, Formen und Zahlen übernehmen? Natürlich nicht.

Die Vier ist in unserer Kultur so tief verwurzelt, die Empfindungen, die wir mit ihr verbinden, sind so durch und durch gut, und die Ordnung, für die sie steht, ist so allgegenwärtig, dass wir Verheerendes anrichten würden, wenn wir sie nun plötzlich verteufelten, nur weil wir uns mit Feng Shui befassen.

Weshalb sich Feng-Shui-Regeln aber trotzdem in weiten Teilen unverändert auch hier bei uns bewahrheiten, liegt daran, dass Symbole nie willkürlich und beliebig gewählt sind, auch wenn es vielleicht manchmal so scheinen mag, weil wir uns im Laufe der Jahrhunderte so weit von ihrem Ursprung entfernt haben. Ein Beispiel mag das zeigen:

Vielleicht wissen Sie, dass die Farbe Weiß in Asien die Trauerfarbe ist. Bei uns ist es Schwarz; beide sind verbunden mit Tod. Gegensätzlicher könnten die beiden nicht sein, denken Sie jetzt möglicherweise. Falsch! Das könnten sie durchaus. Beide sind streng genommen keine Farben, Schwarz zeigt die völlige Lichtlosigkeit, Weiß das anämisch Farblose. Niemals und nirgends wäre ein zartes Grün oder ein strahlendes Gelb als Todesfarbe denkbar. Grün erinnert kulturunabhängig an das Wachstum und die Frische des Frühlings, Rot an Feuer, Hitze und expandierende Energie.

Mit den Formen ist es sehr ähnlich, auch sie haben eine eigene Dynamik: die geschlossene Ruhe eines Kreises, das Ausbrechen und Vorwärtsstreben von zackigen und unregelmäßigen Formen und so fort.

Das ist der Grund, weshalb sich bei näherem Hinsehen so überraschend viele Übereinstimmungen finden. Angefangen mit der Aussicht, die wir uns wünschen – wer träumt nicht davon, vom Fenster auf einen Fluss, See oder gar das Meer zu blicken? –, über den Grundriss der Bauten bis zu Schutzzeichen an der Fassade und Kränzen an der Eingangstür. Diese Grundregeln betrachten wir hier entweder als Aberglaube, nach dem unsere Vorfahren noch lebten, oder wir befolgen sie stillschweigend und selbstverständlich, ohne dass wir einen blassen Schimmer haben, dass und weshalb wir das überhaupt tun. Oder wissen Sie wirklich, warum Sie sich im Café am liebsten an einen Tisch setzen, von dem aus Sie den ganzen Raum und die Türe im Blick haben (der aber immer schon besetzt ist, weil es allen anderen ebenso geht)?

Bemühen Sie sich also, ein wenig von dem Wissen, das auch Teil unserer Kultur ist, wieder rauszukramen, abzustauben und neu zu beleben. Und wenn Sie ihm dafür den Namen Feng Shui geben müssen und glauben, es handle sich dabei um etwas Neues, ist das auch in Ordnung. Wichtig ist nur, dass Sie das zugrunde liegende Prinzip erkennen und Ihre eigene, einzigartige Position auf dieser Welt nicht außer Acht lassen.

Unabhängig von der universellen Bedeutung, welche die Dinge zweifellos für uns alle gemeinsam haben, gibt es nämlich auch noch Ihre ganz privaten Bedeutungen. Und hier entscheiden Sie, was Ihnen gut tut. Das Mohnblumen-Bild kann sich noch so gut in der Karriere-Ecke machen: Sollte es Sie jedes Mal in der Magengrube zwicken, wenn ihr Blick darauf fällt, weil ihr Liebster es aus der ersten Ehe mitgebracht hat und Sie eigentlich finden, es hat in ihrer gemeinsamen Wohnung nichts verloren, dann werfen Sie es hinaus oder bitten Sie ihn, es in seinen Bereich zu hängen.

PRAXIS-TIPPS

Feng Shui zeichnet ein schönes und verständliches Bild, um die ideale Position eines Menschen, und damit in weiterer Folge auch die seines Hauses, in seiner Umgebung zu erklären. Es ist das eines Lehnstuhls, in dem Sie sitzen. Der Rücken ist geschützt durch die hohe Lehne, die Seiten haben kleine Ausbuchtungen, die zusätzlich Schutz bieten, aber die Sicht nicht behindern, und der Blick nach vorne ist völlig frei. Analog dazu befindet sich das ideale Wohnhaus auf halbem Weg einer Anhöhe, wobei der Bergrücken die schützende „Schildkröte" im Rücken ist, während links und rechts niedrigere Hügel, Bäume oder schützende Büsche – „Drache" und „Tiger" – stehen und die Vorderseite den Blick in eine weite Ebene, auf den sich schlängelnden Fluss, den chinesischen „roten Phönix", freigibt. Leider weiß man auch im Westen eine solche Lage seit jeher zu schätzen, weshalb Grundstücke und Wohnungen dort unbezahlbar sind.

Wenn Sie nicht zu den Glücklichen gehören, die sich das leisten können und sich deshalb mit Feng Shui auch nicht weiter zu beschäftigen brauchen, sollten Sie nicht verzagen, sondern Ihre Wohnung nun einfach ebenfalls mit einer ordentlichen Schildkröte, einem Tiger und Drachen und dem Phönix ausstatten. Und dazu braucht es weder Berg noch Fluss.

Denken Sie an die Symbolik der Dinge und die Kraft, die in dieser steckt. Statt dem Berg kann Ihnen auch ein höheres Gebäude Rückendeckung bieten, die Seiten müssen nicht gleich von ganzen Wäldern flankiert sein, ein hübscher bewachsener Zaun, ein Baum oder selbst eine schöne, ausladende Topfpflanze tun es meistens auch. Und wenn sich vor Ihrem Fenster die Großstadt mit anderen Häusern befindet, dann schaffen Sie sich doch Ihr eigenes Panorama mit Blumen und einer kleinen Wasserpflanzenkugel oder gar einem Aquarium auf der Fensterbank.

Machen Sie einmal eine kleine Entdeckungstour durch Ihre Wohnung. Besuchen Sie Zimmer für Zimmer und horchen Sie dabei ganz genau in Ihren Bauch. An welcher Stelle sitzen, stehen, liegen Sie hier am liebsten? In welche Richtung schauen Sie meistens und worauf? Was stört Sie hier, was gefällt Ihnen besonders gut? Überlegen Sie sich, was Sie in diesem Raum am liebsten tun möchten, welche Gefühle Sie hier gerne hätten, welche Art von Gedanken und Energien hier hineingehören.

Nehmen wir nur einmal das Schlafzimmer. Verfolgen Sie die Gedanken an die Arbeit ständig bis ins Bett? Legen Sie sich einmal konzentriert ins Bett hinein und lassen Sie den Blick wandern. Gibt es hier vielleicht so etwas wie ein kleines „Souvenir" Ihres Tagewerks? Ein paar Ordner auf einem Regalbrett, die sonst nirgends Platz gefunden haben? – Schlafen Sie generell schlecht? Vermittelt Ihnen Ihr Schlafzimmer wirklich das Gefühl der Geborgenheit und Ruhe? Imaginieren Sie sich den Mutterbauch, wenn Ihnen das angenehm ist, und richten Sie sich in der Gestaltung nach diesem Ideal.

Ein wichtiges Thema, das, wenn auch hoffentlich nicht nur, in den Bereich Schlafzimmer fällt, ist das Liebesleben. Wenn Sie dieses Gemach mit jemandem teilen, muss sich das auch in der Einrichtung niederschlagen. Im Idealfall spiegeln sich hier die Kompromisse, Annäherungen und Verschiedenheiten Ihrer Beziehung und bilden einen harmonischen Bereich, der für Sie und Ihren Partner gleichermaßen angenehm ist. – Fragen Sie sich auch, „wer Sie hier sind". Sicher nicht primär Mutter, weshalb Bilder Ihrer süßen Kleinen, ganz zu schweigen von diesen selbst, im Schlafzimmer nichts zu suchen haben. Aber auch Ihre eigene Mutter sollte tunlichst nicht über Ihren Schlaf wachen. Die Ahnengalerie gehört deshalb in die Familienecke und nicht übers Bett.

Der Wohn- und Essbereich ist hingegen der zentrale und für alle offene Ort der Begegnung. Markieren Sie die Mitte, das Tai Chi des Bagua, mit einer besonders schönen Lampe, einer runden Stuckdekoration an der Decke oder dem Lieblingsteppich. Ansonsten sollte sie aber frei bleiben und nicht durch Möbel verstellt werden, damit Familie und Freunde zueinander finden. Wenn das nicht so recht gelingen mag, können Sie einmal der Frage nachgehen wo Sie sich gegenseitig möglicherweise den Weg versperren.

Sehr wesentlich ist auch, dass die einzelnen Zimmer zwar in Harmonie miteinander stehen, trotzdem aber klar voneinander getrennt sind. Das gilt besonders für Bereiche, deren Energien völlig verschieden sind, weil sie unterschiedliche Funktionen haben, wie der Arbeits- und Wohnbereich. Wenn es sich irgendwie einrichten lässt, geben Sie einem separierten Arbeitszimmer den Vorzug vor einem Teil des Wohnzimmers, mag es auch noch so klein sein. Ist das nicht möglich, schaffen Sie eine andere Trennung in Form eines Paravents, eines Regals oder zumindest eines Glöckchens, das Ihnen immer durch den Ton verrät, dass Sie nun den Bereich gewechselt haben.

Das Chi, die Lebensenergie des Universums, sollte in Ihrer Wohnung ungehindert fließen können, ohne jedoch zu schnell hindurch und wieder hinaus zu schießen. Dunkle, unbenutzte

Ecken können mit Licht und Farbe belebt und so mit ausreichend Chi versorgt werden. In langen freien Bereichen wie z. B. im Flur, die auch Ihnen nur zum Weiterkommen dienen, sollte das Chi gebremst werden und Sie hoffentlich gleich mit, was beispielsweise mit Mobiles gelingt. Damit das Chi nicht gleich wieder beim Fenster gegenüber der Tür hinaus witscht, können Sie kleine Kristallkugeln davor hängen. Diese haben auch noch den schönen Effekt, dass sie in dunklen Wohnungen Licht bis in die tiefsten Winkel schicken.

Licht ist überhaupt sehr wichtig. Die richtigen Lichtverhältnisse hängen natürlich davon ab, um welchen Raum es sich handelt. Arbeitsräume, und dazu zählt auch die Küche, erfordern gute Beleuchtung, weil Sie hier viel Energie brauchen werden. Im Schlafzimmer und im gemütlichen Teil des Wohnraumes hingegen sollte es gedämpfter sein, damit Sie zur Ruhe kommen können. Prinzipiell ist davon abzuraten, einen Raum gleichmäßig mit Licht zu überfluten. Arbeiten Sie lieber mit vielen kleinen Lichtquellen und orientieren Sie sich im Spiel mit Licht und Schatten an der Natur.

Alles, was Sie brauchen, um Ihre Wohnung mit guter Energie zu füllen, ist ein gutes Gespür dafür, was Ihnen gut tut und was nicht, und ein wenig Phantasie, um mit Licht, Farben und Formen zu experimentieren. Nur Mut – wenn Sie anfangs einmal danebengegriffen haben, wird es Ihnen Ihr Gespür bald sagen. Allgemein gültige Tipps und Feng-Shui-Regeln finden Sie im Kalenderteil ab Seite 47.

TEIL I

FENG SHUI UND CHINESISCHE ASTROLOGIE

Im chinesischen Kulturkreis gibt es nichts, das nicht mit dem gesamten Universum und seiner Energie verwoben wäre. Farben, Himmelsrichtungen, Tätigkeiten, Zahlen, Termine, ja selbst Mahlzeiten und ihre Zubereitung – alles steht in Harmonie mit der Energie des Universums.

Diese Energie ist nun keineswegs an jedem Tag gleich. Jedes Jahr, jeder Monat, jeder Tag steht im Zeichen eines „Herrschers" aus dem Bereich der Tierkreiszeichen und im Zeichen eines Elements. Ihre Energie ist an einem Tag, an dem sie herrschen, besonders gut spürbar. Der Feng-Shui-Kalender zeigt Ihnen, welche Herrscher das im Jahr 2006 an jedem Tag sind.

Die Tierkreiszeichen folgen in stets der gleichen Reihenfolge aufeinander, die Elemente ebenfalls, doch sind sie immer doppelt so lange aktuell wie ein Tierkreiszeichen – zwei Jahre, zwei Monate, zwei Tage. Der Grund dafür ist folgender: Zunächst sind sie in ihrer aktiven, männlichen Yang-Form spürbar, dann in der ruhigeren, weiblichen Yin-Form. Yin und Yang spielen, wie im ganzen Universum, so auch bei den Tierkreiszeichen eine Rolle. In diesem Kalender ist Yang jeweils durch * angegeben.

Suchen Sie in der folgenden Tabelle zunächst den Herrscher Ihres Geburtstermins. Lassen Sie sich nicht verwirren: Hier geht es nicht um den chinesischen Neujahrstermin, der vom Neumond nach der Wintersonnenwende abhängt, sondern um den des chinesischen Bauernkalenders, der für Horoskope herangezogen wird. Der Jahreswechsel ist hier am 4. bzw. am 5. Februar.

WER HERRSCHT WANN IM CHINESISCHEN TIERKREIS?

Datum	Tierkreisz.	Element	Zahl	
4. 2. 1934–4. 2. 1935	Hund	Holz*	3	3
5. 2. 1935–4. 2. 1936	Schwein	Holz	2	4
5. 2. 1936–3. 2. 1937	Ratte	Feuer*	1	5
4. 2. 1937–3. 2. 1938	Büffel	Feuer	9	6
4. 2. 1938–4. 2. 1939	Tiger	Erde*	8	7
5. 2. 1939–4. 2. 1940	Hase	Erde	7	8
5. 2. 1940–3. 2. 1941	Drache	Metall*	6	9
4. 2. 1941–3. 2. 1942	Schlange	Metall	5	1
4. 2. 1942–3. 2. 1943	Pferd	Wasser*	4	2
4. 2. 1943–4. 2. 1944	Ziege	Wasser	3	3
5. 2. 1944–3. 2. 1945	Affe	Holz*	2	4
4. 2. 1945–3. 2. 1946	Hahn	Holz	1	5
4. 2. 1946–3. 2. 1947	Hund	Feuer*	9	6
4. 2. 1947–4. 2. 1948	Schwein	Feuer	8	7
5. 2. 1948–3. 2. 1949	Ratte	Erde*	7	8
4. 2. 1949–3. 2. 1950	Büffel	Erde	6	9
4. 2. 1950–3. 2. 1951	Tiger	Metall*	5	1
4. 2. 1951–4. 2. 1952	Hase	Metall	4	2
5. 2. 1952–3. 2. 1953	Drache	Wasser*	3	3
4. 2. 1953–3. 2. 1954	Schlange	Wasser	2	4
4. 2. 1954–3. 2. 1955	Pferd	Holz*	1	5
4. 2. 1955–4. 2. 1956	Ziege	Holz	9	6
5. 2. 1956–3. 2. 1957	Affe	Feuer*	8	7
4. 2. 1957–3. 2. 1958	Hahn	Feuer	7	8
4. 2. 1958–3. 2. 1959	Hund	Erde*	6	9
4. 2. 1959–4. 2. 1960	Schwein	Erde	5	1
5. 2. 1960–3. 2. 1961	Ratte	Metall*	4	2
4. 2. 1961–3. 2. 1962	Büffel	Metall	3	3
4. 2. 1962–3. 2. 1963	Tiger	Wasser*	2	4
4. 2. 1963–4. 2. 1964	Hase	Wasser	1	5
5. 2. 1964–3. 2. 1965	Drache	Holz*	9	6
4. 2. 1965–3. 2. 1966	Schlange	Holz	8	7
4. 2. 1966–3. 2. 1967	Pferd	Feuer*	7	8
4. 2. 1967–4. 2. 1968	Ziege	Feuer	6	9

5. 2. 1968–3. 2. 1969	Affe	Erde*	5	1
4. 2. 1969–3 2. 1970	Hahn	Erde	4	2
4. 2. 1970–3. 2. 1971	Hund	Metall*	3	3
4. 2. 1971–4. 2. 1972	Schwein	Metall	2	4
5. 2. 1972–3. 2. 1973	Ratte	Wasser*	1	5
4. 2. 1973–3. 2. 1974	Büffel	Wasser	9	6
4. 2. 1975–3. 2. 1975	Tiger	Holz*	8	7
4. 2. 1975–3. 2. 1976	Hase	Holz	7	8
4. 2. 1976–3. 2. 1977	Drache	Feuer*	6	9
4. 2. 1977–3. 2. 1978	Schlange	Feuer	5	1
4. 2. 1978–3. 2. 1979	Pferd	Erde*	4	2
4. 2. 1979–3. 2. 1980	Ziege	Erde	3	3
4. 2. 1980–3. 2. 1981	Affe	Metall*	2	4
4. 2. 1981–3. 2. 1982	Hahn	Metall	1	5
4. 2. 1982–3. 2. 1983	Hund	Wasser*	9	6
4. 2. 1983–3. 2. 1984	Schwein	Wasser	8	7
4. 2. 1984–3. 2. 1985	Ratte	Holz*	7	8
4. 2. 1985–3 2. 1986	Büffel	Holz	6	9
4. 2. 1986–3. 2. 1987	Tiger	Feuer*	5	1
4. 2. 1987–3. 2. 1988	Hase	Feuer	4	2
4. 2. 1988–3. 2. 1989	Drache	Erde*	3	3
4. 2. 1989–3. 2. 1990	Schlange	Erde	2	4
4. 2. 1990–3. 2. 1991	Pferd	Metall*	1	5
4. 2. 1991–3. 2. 1992	Ziege	Metall	9	6
4. 2. 1992–3. 2. 1993	Affe	Wasser*	8	7
4. 2. 1993–3. 2. 1994	Hahn	Wasser	7	8
4. 2. 1994–3. 2. 1995	Hund	Holz*	6	9
4. 2. 1995–3. 2. 1996	Schwein	Holz	5	1
4. 2. 1996–3. 2. 1997	Ratte	Feuer*	4	2
4. 2. 1997–3. 2. 1998	Büffel	Feuer	3	3
4. 2. 1998–3. 2. 1999	Tiger	Erde*	2	4
4. 2. 1999–3. 2. 2000	Hase	Erde	1	5
4. 2. 2000–3. 2. 2001	Drache	Metall*	9	6
4. 2. 2001–3. 2. 2002	Schlange	Metall	8	7
4. 2. 2002–3. 2. 2003	Pferd	Wasser*	7	8
4. 2. 2003–3. 2. 2004	Ziege	Wasser	6	9
4. 2. 2004–3. 2. 2005	Affe	Holz*	5	1
4. 2. 2005–3. 2. 2006	Hahn	Holz	4	2

RATTE

Prinzip: aktiv, Yang
Glückszahl: 5
Farbe: Blau
Symbol für: Weisheit

Ehrgeizig und einfühlsam, liebenswürdig und ein geborener Familienmensch, das ist die typische Ratte, der boshafte Zungen auch eine gewisse Oberflächlichkeit nachsagen. Weisheit und Vollkommenheit sind das Ziel, nach dem viele Ratten streben. Eigenschaften wie Zielstrebigkeit und Durchhaltevermögen helfen ihnen, dieses Ziel zu erreichen. Im Extremfall kann das Streben nach Vollkommenheit zu Perfektionismus oder zu Ersatzhandlungen führen. Die eigenen Grenzen sind für die Ratte kein Thema, wenn es um eine wichtige Sache geht. Ehrgeiz und Erfolgsstreben treffen auf die nötige Angriffslust, mit der Ziele angepackt und verfolgt werden, und oft neigt die Ratte dazu, sich zu überarbeiten.

BÜFFEL

Prinzip: passiv, Yin
Glückszahl: 2
Farbe: Rot
Symbol für: Ruhe und Beständigkeit.

Ruhig und geduldig verfolgt der typische Büffel langsam und unbeirrbar seine einmal als richtig erkannten Ziele. Der Büffel ist ein guter Zuhörer, der geduldig auf andere eingeht und auch gern von anderen Menschen als Ratgeber herangezogen wird. Seine Sanftheit und Geduld ist sprichwörtlich und, sofern sie nicht in Trägheit umschlägt, auch seine größte Stärke. Hektische Betriebsamkeit ist dem Büffel fremd, und am sichersten kommt er vorwärts, wenn er ruhig und gelassen kleine Schritte macht. Er strebt nach Sicherheit für sich und seine Familie und kann, sobald diese ernsthaft bedroht ist, großen Mut entwickeln. Ein rotes Tuch zeigt man dem Büffel besser nicht.

TIGER

Prinzip: aktiv, Yang
Glückszahl: 3
Farbe: Gelb
Symbol für: sexuelle und spirituelle Energie

Ein Glückspilz mit missionarischem Eifer und ansteckender Lebensfreude, das ist der typische Tiger. Er will die Welt zum Besseren bekehren, und das mit Leib und Seele. Dabei schafft er es auch dank seiner warmherzigen, feinfühligen Art, andere Menschen zu rühren und zu überzeugen. Sein Traum: Alle Menschen leben als Brüder in einer besseren Welt – doch die Wirklichkeit ist meist anders. Wenn der Tiger dies erkennt und in seinem persönlichen kleinen Bereich Veränderungen bewirkt, kann er damit glücklich werden. Wo die Enttäuschung über die Welt zu groß ist, neigt der Tiger bisweilen dazu, sich von der Welt zurückzuziehen. Mystizismus ist sein Gebiet – auch wenn er dabei Gefahr läuft, auf Scharlatane hereinzufallen. Nur eines wird der klassische Tiger nicht: bescheiden im Stillen wirken; sein Publikum braucht er. Dafür ist er viel zu eitel.

HASE

Prinzip: weiblich, nährend, Yin
Glückszahl: 6
Farbe: Braun
Symbol für: Glück.

Ein friedliebender und häuslicher, harmoniebedürftiger Glückspilz nicht ohne Ehrgeiz – das ist der typische Hase. Seine große Einfühlsamkeit kann für ihn allerdings zur Gefahr werden, denn er neigt zum Mit-Leiden im wörtlichen Sinn. Wo sich der Hase die Probleme der anderen nicht zu stark zu eigen macht, ist er ein ausgezeichneter Diplomat, der dank seiner sozialen Intelligenz tragfähige, von allen zufrieden akzeptierte Kompromisse schaffen kann. Dabei läuft er Gefahr, sich selbst zu stark zurückzunehmen und seine eigenen Bedürfnisse aus den Augen zu verlieren. Sein großes Herz und seine Intelligenz führen über das Verstehen der anderen hinaus zu einer großen Liebe zu den Menschen und zur Welt.

DRACHE

Prinzip: männlich, Yang
Glückszahl: 7
Farbe: Gold und Jade
Symbol für: Glück und Macht

Der Inbegriff der Macht und des Glücks schlechthin, das ist der Drache mit seiner schillernden, charismatischen Ausstrahlung, von der sich viele andere Menschen angezogen fühlen. Und das ist ihm auch recht so, sieht er sich doch zu gern im Zentrum des Interesses – wäre da nicht noch dieses Gefühl des Unverstandenseins, das ihn zur Zurückhaltung treibt, die leicht als arrogant ausgelegt wird. Jedenfalls wäre es zu stark vereinfacht, den Drachen einfach als Machtmenschen zu bezeichnen. Ihm ist vielmehr jenes natürliche Charisma zu eigen, das dazu führt, dass ihm andere Autorität zuschreiben. Der Drache selbst hat oft das Bedürfnis, sich in seine Höhle zurückzuziehen und etwas Distanz zwischen sich und andere zu legen, denn er hat das Gefühl, anders als die meisten zu sein. Wenn er diese Tendenz übertreibt, läuft er Gefahr, zum Eigenbrötler zu werden.

SCHLANGE

Prinzip: passiv, Yin
Glückszahl: 9
Farbe: Türkis
Symbol für: Klugheit

Der allumfassende Hinterfrager, der Ungbegreifliches begreifen will und selbst ausgesprochen rätselhaft wirkt – das ist die typische Schlange. Im Extremfall ist sie ein hochnäsiges Mitglied eines elitären Zirkels, das hohe moralische Ansprüche stellt, die jedoch hauptsächlich für die anderen Gültigkeit besitzen. Doch meist ist es nur ihr Streben nach Tiefe und vollständigem Verstehen von Hintergründen und Zusammenhängen, das sie für andere Menschen schwer verständlich, schwer zugänglich erscheinen lässt. Eine Stärke der Schlange ist ihre Fähigkeit, Schönes zu empfinden und aufzunehmen – auch wenn sich diese Empfänglichkeit im Extremfall in sinnloser Anhäufung von schönen, aber unnötigen Dingen äußert.

PFERD

Prinzip: aktiv, Yang
Glückszahl: 2
Farbe: Schwarz
Symbol für: Lebensfreude und Tapferkeit

Wenn Sie in einer Gesellschaft einen fröhlichen, unerschütterlichen Optimisten im Mittelpunkt des Geschehens finden, der in jede langweilige Runde eine gute Portion Schwung bringt, dann haben Sie es wahrscheinlich mit einem typischen Pferd zu tun. Nur mit gebührender Aufmerksamkeit fühlt es sich wohl, und mit seinem Selbstbewusstsein und seinem Optimismus setzt es über manche Hürden einfach hinweg, die anderen Kopfzerbrechen bereiten. Dabei wirkt es ansteckend, hat das Herz am rechten Fleck und verbreitet eine positive Stimmung. Natürlich hat dieser nette extrovertierte Springer auch seine Nachteile. Einer davon ist der, dass er eben immer im Mittelpunkt stehen muss.

ZIEGE

Prinzip: passiv, Yin
Glückszahl: 4
Farbe: Weiß
Symbol für: Sanftmut

Ein ängstliches, schüchternes Wesen, das sich vor vielen Dingen fürchtet – das ist die Ziege, die ihren inneren Weg noch nicht gefunden hat. Sobald sie ihn gefunden hat, entpuppt sie sich zu einem in vieler Hinsicht talentierten Wesen, das eine gewisse Exzentrizität und erstaunliche Energie und Stärke mitbringt, wenn ihm etwas wirklich wichtig ist. Am zufriedensten, wenn man sie in Ruhe arbeiten lässt, geht die Ziege Konfrontationen aus dem Weg. Lieber ist ihr, brav und artig etwas auszuführen, was ein anderer ausgedacht hat (und was sie für gut befunden hat), als vorzupreschen und sich die Hörnlein anzustoßen. Sie braucht das Gefühl, geliebt zu werden, und lässt sich nicht gern herumschubsen. Sanftheit und Einfühlsamkeit gehören zu ihren Stärken, die Gefahr einer Übertreibung ist hier aber durchaus gegeben.

AFFE

Prinzip: aktiv, Yang
Glückszahl: 3
Farbe: Orange
Symbol für: Neugier und Klugheit

Ein vielseitiger, neugieriger und ideenreicher Mensch, dem kaum etwas so schwer fällt wie stillzusitzen, und der sich quirlig über bestehende Reglementierungen hinwegsetzt – das ist der typische Affe. Sprunghaft und gesellig, fröhlich und geschickt, hat er nur ein Problem: dass sein Leben viel zu kurz ist, um alles Interessante auszuprobieren. Böswillige Zungen sagen ihm natürlich Oberflächlichkeit und Selbstverliebtheit nach, behaupten gar, er sei eigentlich ein Menschenverächter ... Das kommt vielleicht auch daher, dass er es mit der Wahrheit nicht immer sehr genau nimmt, dass er Geschichten gern ausschmückt, um der besseren Pointe willen, und dass er zur Not eine Geschichte erfindet, damit er etwas Interessantes zu erzählen hat.

HAHN

Prinzip: passiv, Yin
Glückszahl: 5
Farbe: Hellgrün
Symbol für: Glück

Stolz und bisweilen aufgeblasen, laut und eigensinnig, so präsentiert sich der typische Hahn auf den ersten Blick. Wenn Sie wollen, dass er die ganze Aufgeblasenheit mit einem Schlag ablegt, dann loben Sie ihn einfach, das bringt ihn auf den Boden der Tatsachen und zu sich selbst zurück. So einfach ist das. Allerdings macht es der klassische Hahn seinen Mitmenschen nicht gerade leicht, ihn zu loben. Exzentrisch und zielgerichtet, hochintelligent und voll Selbstvertrauen (wenn auch nicht immer gesundem Selbstbewusstsein) geht er seinen Gang und zeigt allen anderen: Hier komme ich! Ihre Phantasiewelt spielt Hähnen machmal Streiche. Sie glauben, sie hätten etliches von dem bereits erreicht, was sie sich vorgenommen haben, und verhalten sich entsprechend. Dahinter steckt viel Luft, und manche werden so zum sprichwörtlichen Gockel.

HUND

Prinzip: aktiv, Yang
Glückszahl: 8
Farbe: Meerblau
Symbol für: Freundschaft

Aufrichtig, loyal und treu, glaubt der typische Hund an Gerechtigkeit und kämpft für Prinzipien. Als unermüdlicher Gefolgsmann ist er keine eigentliche Führernatur, hat aber hohe Wertmaßstäbe, die er an sich und seine Umgebung anlegt. Organisationstalent und Geschicklichkeit zeichnen ihn ebenso aus wie seine bedächtige, wohlüberlegte Fürsorge für die, die er liebt. Sensibel und gefühlvoll schafft der Hund es, sich in andere hineinzudenken, und strebt nach Harmonie. Da er eine angenehme, ruhige Ausstrahlung besitzt, ist er bei vielen beliebt. Wo er von seinen Überzeugungen zu sehr durchdrungen ist, teilt er jovial ungewünschte, aber wohlmeinende Ratschläge aus – und erntet damit auch Unverständnis. Im Umgang mit anderen Menschen sind Hunde zunächst optimistisch und erwarten von ihnen das gleiche Verhältnis zu Tugenden wie Vertrauen und Zuverlässigkeit, das sie selbst besitzen.

SCHWEIN

Prinzip: passiv, Yin
Glückszahl: 4
Farbe: Hellrot
Symbol für: Wahrheit und Wohlstand

Ein Musterbeispiel für Ehrlichkeit und Gerechtigkeit, ist das typische Schwein jederzeit bereit, sich für andere zu opfern und für andere alles zu tun. Gelegentliche Zornesausbrüche verleihen diesem Muster menschlicher Tugenden allerdings ein gewisses Maß an Pfeffer. Intrigen wird man bei einem Schwein nicht erleben. Sie erwarten auch von anderen Offenheit und Ehrlichkeit. Geheimnisse sind bei ihnen in schlechter Hand. Dabei sind sie keine bewussten Tratschtanten, und sie neigen auch keineswegs zu gezielten Indiskretionen – sie vergessen nur einfach, dass es eventuell vertrauliche Informationen sein könnten, die sie gerade im vertrauten Gespräch mitteilen.

DIE WELT DER FÜNF ELEMENTE

In unserem hellenistisch-europäischen Kulturkreis beherrschen vier Elemente das Denken und die Symbolik der Alchimisten: Feuer, Wasser, Erde und Luft. Diese Vierzahl ist in unserer Kultur so stark verankert, dass die Vier zum Symbol der physischen Welt schlechthin wurde (im Unterschied zur Drei, die für die Dreieinigkeit und damit die Welt der Gottheit steht). Es gibt vier Tageszeiten, vier Jahreszeiten, vier Himmelsrichtungen und so weiter, und wir können uns kaum etwas anderes vorstellen.

In der chinesischen Kultur spielt die Fünfzahl eine ähnlich große Rolle wie bei uns die Vier: es gibt fünf Richtungen (Nord, Süd, Ost, West, Mitte), fünf Töne (Pentatonik), fünf Geschmacksrichtungen (süß, sauer, salzig, bitter, scharf) und so weiter.

Nach chinesischer Lehre gibt es folglich auch fünf Elemente: Wasser, Holz, Feuer, Erde und Metall.

Diese fünf Elemente beherrschen die Jahre des chinesischen Kalenders, und zwar jedes immer zwei aufeinander folgende Jahre – ein Jahr in der Yang-Form, im folgenden in der Yin-Gestalt –, während die Tiere des Tierkreises jedes Jahr wechseln. Als Folge davon kommt es nur alle 60 Jahre zu einer genau gleichen Kombination von Element und Tier. Dieser 60-Jahres-Zyklus entspricht einem Lebensalter oder zwei Generationen. Und dies deckt sich mit unserer westlichen Erfahrung, derzufolge häufig Begabungen eine Generation überspringen. Oft heißt es, jemand habe diesen oder jenen Charakterzug von seinem Großvater geerbt, oder ein Mädchen sei seiner Großmutter viel ähnlicher als seiner Mutter.

Die Elemente beherrschen aber noch viel mehr: Himmelsrichtungen, Farben, Formen, Geschmacksrichtunge, selbst Gefühle und Geräusche lassen sich ihnen zuordnen.

Der Umgang mit den Elementen und dem Prinzip des Yin und Yang ist der Kern der gesamten chinesischen Astrologie einerseits und der Welt des Feng-Shui-Kalenders andererseits. Machen Sie sich mit ihnen vertraut und ziehen Sie die Schlüsse aus der Konstellation an jedem Tag des Jahres.

HOLZ

Himmelsrichtung:	Osten
Jahreszeit:	Frühling
Tageszeit:	Morgen
Mondphase:	zunehmender Mond
Planet:	Jupiter
Form:	aufstrebend, zylindrisch
Farbe:	Grün
Geschmack:	sauer
Organe:	Leber und Galle
Sinnesorgan:	Augen
Sinn:	Sehen
Gewebe:	Sehnen
Äußere Erscheinung:	Nägel
Emotion:	Güte und Jähzorn
Geräusch:	Schrei
Entwicklungsphase:	Geburt
Kua-Zahl:	3 und 4

FEUER

Himmelsrichtung:	Süden
Jahreszeit:	Sommer
Tageszeit:	Mittag
Mondphase:	Vollmond
Planet:	Mars
Form:	spitz, dreieckig, kantig
Farbe:	Rot
Geschmack:	bitter
Organe:	Herz und Dünndarm
Sinnesorgan:	Mund
Sinn:	Schmecken
Gewebe:	Gefäße
Äußere Erscheinung:	Gesicht
Emotionen:	Freude und Hass
Geräusch:	Lachen
Entwicklungsphase:	Wachstum
Kua-Zahl:	9

ERDE

Himmelsrichtung:	Zentrum
Jahreszeit:	Spätsommer
Tageszeit:	Nachmittag
Mondphase:	Vollmond
Planet:	Saturn
Form:	rechteckig, flach
Farbe:	Gelb
Geschmack:	süß
Organe:	Milz und Magen
Sinnesorgan:	Zunge
Sinn:	Tasten
Gewebe:	Muskeln
Äußere Erscheinung:	Lippen
Emotionen:	Denken und Sorge
Geräusch:	Singen
Entwicklungsphase	Umwandlung
Kua-Zahl:	2 und 8

METALL

Himmelsrichtung:	Westen
Jahreszeit:	Herbst
Tageszeit:	Abend
Mondphase:	abnehmender Mond
Planet:	Venus
Form:	rund, kuppelförmig
Farbe:	Weiß
Geschmack:	scharf
Organe:	Lunge und Dickdarm
Sinnesorgan:	Nase
Sinn:	Riechen
Gewebe:	Haut
Äußere Erscheinung:	Kopfhaar
Emotionen:	Mut und Trauer
Geräusch:	Weinen
Entwicklungsphase:	Ernte
Kua-Zahl:	6 und 7

WASSER

Himmelsrichtung:	Norden
Jahreszeit:	Winter
Tageszeit:	Nacht
Mondphase:	Neumond
Planet:	Merkur
Form:	wellig, unregelmäßig
Farbe:	Schwarz, Dunkelblau
Geschmack:	salzig
Organe:	Nieren, Blase
Sinnesorgan:	Ohren
Sinn:	Hören
Gewebe:	Knochen
Äußere Erscheinung:	Körperhaare
Emotionen:	Milde und Angst
Geräusch:	Stöhnen
Entwicklungsphase:	Speicher
Kua-Zahl:	1

DIE BEZIEHUNGEN DER ELEMENTE ZUEINANDER

Wie das gesamte fernöstliche Wissen beruht auch die Fünf-Elemente-Symbolik auf Beobachtung und Erfahrung. Im Ablauf der Jahreszeiten folgen dem Beginn und der Kraftentfaltung des Frühlings die Wärme und Lebensfreude des Sommers. Im Herbst lässt diese Kraft nach und die Natur bereitet sich auf den Winter vor, in dessen stiller Kraft die ungeheuren Wandlungskräfte der Schöpfung unter feuchter Erde und Eispanzern bis zum nächsten Frühjahr unsichtbar wirken.

Die fünf Elemente werden deshalb direkt den Jahreszeiten zugeordnet. Der chinesische Kalender sieht, im Gegensatz zur viergliedrigen Jahreszeitenaufteilung des Okzidents, fünf Abschnitte vor. Zwischen Sommer und Winter gibt es zwei Phasen, die den Herbst in eine frühere und eine dem Winter nähere Periode unterteilen. In dieser Analogie steht das Holz für die aufwärts strebende Energie des Frühlings, das Feuer für die Farbenpracht und die Hitze des Sommers, die Erde für Fruchtbarkeit und Melancholie des Übergangs von Spätsommer auf Herbst, das Metall für die sich verdichtende Materie im späten Herbst und das Wasser für die kalte Feuchtigkeit, für Schnee und Eis im Winter. Kein Prozess vollzieht sich jedoch unabhängig von einem anderen. Alles steht miteinander in Beziehung. Jedes Element geht entweder aus dem anderen hervor oder zerstört es.

KREISLÄUFE DER ENTSTEHUNG UND ZERSTÖRUNG

Die Beziehungen der Elemente untereinander werden durch zwei Zyklen dargestellt. Am ersten Kreislauf lässt sich ablesen, wie ein Element das andere nährt und sich dabei gleichzeitig schwächt. Bei einem harmonischen Gleichgewicht der Elemente entsteht eine Abfolge organischen Werdens und Vergehens. Der Kreislauf der Zerstörung, auch als „Kreislauf der Kontrolle" bezeichnet, beschreibt die hemmende Wirkung der Elemente aufeinander.

KREISLAUF DER ELEMENTE

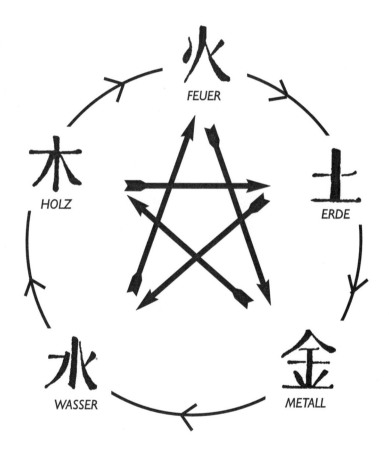

Diese kontrollierenden, hemmenden und zerstörerischen Eigenschaften sind nicht grundsätzlich negativ zu bewerten, sondern müssen wie alle Systeme fernöstlichen Wissens in einem harmonischen Verhältnis zueinander stehen. Für die Methoden des Feng Shui bedeutet dies, dass ein Übermaß an Energie durch die Hinzufügung einer zerstörerischen Kraft ausgeglichen und damit Ihre Lenbenssituation verbessert werden kann.

ENTSTEHUNGSZYKLUS

Holz ist Brennstoff. Er nährt das Feuer. Das Feuer-Element schwächt also das Holz-Element, stärkt aber das Erde-Element. Aus Feuer wird Asche und diese zu Erde. Das Erde-Element hat somit eine schwächende Wirkung auf das Feuer-Element. Die Energie des Erde-Elements ist aber absteigend und sammelnd. Sie lässt Metall entstehen. Wenn aus der Erde Metall hervorgeht, bedeutet dies, dass Metall-Energie die Wirkung von Erd-Energie schwächt. Ein für Metall unter Feuereinwirkung erreichbarer Aggregatzustand ist flüssig, womit Metall das Wasser nährt, die Wasser-Energie hingegen Metall-Energie schwächt. Wasser nährt das Holz, denn der Baum benötigt Wasser, um leben zu können. So können Sie mit dem Wasser-Element Holz-Energie stärken, umgekehrt durch das Holz-Element zu starkes Wasser-Chi abbauen.

ZERSTÖRUNGSZYKLUS

So wie ein Element das jeweils nächste nährt, so zerstörerisch wirkt es auf das jeweils übernächste. Holz dringt in die Erde ein, formt sie um und entzieht ihr die Nährstoffe. Erde kontrolliert das Wasser, bringt es in Gestalt eines Ufers oder eines Dammes in eine Bahn oder saugt es gar auf. Wasser wiederum löscht das Feuer und die Energie des Feuers kann Metall verformen. Metall aber hat die Macht über das Holz, etwa in Form eines Werkzeugs, beispielsweise einer Säge oder Axt.

TIERKREISZEICHEN UND ELEMENTE

Die Holz-Ratte ist prinzipientreu und vorausschauend, eine unermüdliche Arbeiterin mit einem Gefühl der existentiellen Unsicherheit.

Die Feuer-Ratte ist impulsiver als andere Ratten, unfähig still zu halten, ideenreich und hat furchtbare Angst vor Langeweile.

Die Erd-Ratte ist weniger unternehmungslustig als andere Ratte-Typen und geht viele Dinge eher pragmatisch an.

Die Metall-Ratte ist in finanzieller und sozialer Hinsicht ausgesprochen ehrgeizig. Mit Geld hat sie eine glückliche Hand.

Die Wasser-Ratte lebt mehr mit dem Kopf als mit dem Herzen und ist daher nicht ganz so fanatisch wie die anderen.

Der Holz-Büffel ist von allen Büffeln bei weitem der gesprächigste. Umgekehrt ist er auch ein offener Zuhörer.

Der Feuer-Büffel ist ein problematischer Charakter, denn das Element Feuer verträgt sich eigentlich überhaupt nicht mit seinem grundlegenden Wesen. Vielleicht kostet ihn das seinen friedlichen Zugang zum Leben, vielleicht sorgt es aber auch dafür, dass er seine besten Eigenschaften besonders gut entwickelt und pflegt.

Der Erd-Büffel arbeitet schwer, um seine gesteckten Ziele auf ehrlichem Wege zu erreichen. Was er macht, macht er gründlich und mit vollem Herzen.

Der Metall-Büffel besitzt besonders klare Überzeugungen, Vorlieben und Vorstellungen darüber, wie er was in die Tat umsetzt.

Der Wasser-Büffel ist zwar noch langsamer als andere Büffel und treibt ungeduldige Geister fraglos ständig auf die Palme, aber dafür ist er auch flexibler.

Der Holz-Tiger ist der charmante Partylöwe unter den Tigern. Voller Anekdoten, sprühend und charismatisch, nimmt er die Dinge nicht zu ernst und möchte es so genau gar nicht wissen.

Der Feuer-Tiger hält alle in Atem, die mit ihm zu tun bekommen. Ununterbrochene Betriebsamkeit, gewürzt mit einer guten Portion Dramatik – das ist sein Lebenscocktail.

Der Erd-Tiger ist ruhiger und gelassener als seine Artgenossen, und so geht er auch sein Leben an. Ehe er losstürmt, prüft er die Angelegenheit, um die es geht, und mit seinem praktischen Sinn vermeidet er viele leere Kilometer und Aufregung.

Der Metall-Tiger ist ungewöhnlich stark vom Leben, der Welt und dem Kosmos durchdrungen, kann es aber leider auch von seiner eigenen Bedeutung sein.

Der Wasser-Tiger denkt, ehe er losschlägt. Daher macht er weniger vermeidbare Fehler als seine Artgenossen. Seine Intuition lässt ihn im Leben etliche Klippen sanft umschwimmen.

Der Holz-Hase ist in seinem Element, denn Holz regiert den Hasen. Das bedeutet die Verstärkung positiver wie auch negativer Tendenzen.

Der Feuer-Hase ist eine sehr widersprüchliche Mischung. Entweder ist er ein warmherziger, freundlicher Hase oder ein übelgelauntes, leicht reizbares Karnickel.

Der Erd-Hase ist ein besonders freundlicher, bescheidener Zeitgenosse, der seine Grenzen sehr wohl kennt und diszipliniert seinen Weg geht.

Metall-Hasen haben ein steiferes Rückgrat als ihre Artgenossen, sie sind direkter und weniger extrem auf Ausgleich bedacht.

Der Wasser-Hase versucht in besonders extremer Weise, Konfrontationen aus dem Weg zu gehen.

Der Holz-Drache ist weniger egoistisch als andere Drachen. Er ist mit einem starken Sinn für Logik und Innovationen begabt.

Der Feuer-Drache ist voll in seinem Element und läuft fast Gefahr, seine Umgebung zu verbrennen. Energisch und aufregend, fordernd, heißblütig, ungeduldig und entschlossen.

Der Erd-Drache: Auch wenn er weniger laut und leidenschaftlich als seine Brüder erscheint, so will er dennoch seine Umgebung beherrschen.

Der Metall-Drache ist ein besonders ehrgeiziger, unbeugsamer Drache, hart wie Stahl, streng, entschlossen und rücksichtslos gegenüber allen Hindernissen, die sich ihm in den Weg stellen.

Der Wasser-Drache ist in gewisser Hinsicht ein Widerspruch in sich, denn seiner Natur gemäß ist der Drache ein Feuerzeichen, und unter dem Einfluss des Elements Wasser hat er leicht Probleme, die andere Drachen nicht haben.

Die Holz-Schlange ist viel umgänglicher als ihre Geschwister. Ihr Ehrgeiz ist zwar vorhanden, sie wird von ihm jedoch nicht so stark beherrscht.

Die Feuer-Schlange ist besonders leidenschaftlich – sie hasst und liebt mit gleicher Energie. Umgeben von einem Fanclub fühlt sie sich besonders wohl.

Die Erd-Schlange ist mit Abstand die umgänglichste unter den Schlangen.

Die Metall-Schlange ist besonders scharfsinnig und ehrgeizig, will ihren Platz in der Gesellschaft erobern und setzt dazu ihre persönliche Identität ein.

Die Wasser-Schlange: Ihr präziser Verstand setzt sie in die Lage, sich sehr genau zu merken, wer ihr einmal auf den Schwanz gestiegen ist – und erst viele Jahre später schlägt sie erbarmungslos zurück.

Das Holz-Pferd ist das beständigste, zivilisierteste unter den Pferden und sogar fähig, mit anderen zusammenzuarbeiten.

Das Feuer-Pferd ist laut, prachtvoll, galoppiert stetig vorwärts und schaut fast nie dabei zurück. Oft versammeln Feuer-Pferde eine Schar von Bewunderern um sich und gelangen in führende Positionen.

Das Erd-Pferd ist ein besonders untypisches Pferd. Das Element Erde verleiht dem Pferd eine Schwere und Gewichtigkeit, die anderen Pferden fremd ist.

Das Metall-Pferd ist oft resolut und auf arrogante Weise halsstarrig. Es neigt dazu, die Dinge rasch für langweilig zu halten.

Das Wasser-Pferd kann der ärgste Egozentriker sein, den man sich vorstellen mag, ohne jedes Gespür für andere. Andererseits ist es ein Meister des Kratzfußes, sodass man ihm sein Verhalten immer wieder verzeiht.

Die Holz-Ziege: Ihre Hilfsbereitschaft und ihr Mitgefühl werden nur selten ausgenutzt, denn ihre konsequente Art, nur das Gute im anderen zu sehen, fordert bei den meisten Respekt.

Die Feuer-Ziege ist ein Widerspruch in sich. Eine Ziege hat so wenig Feuriges, dass das Ergebnis der Mischung dieses Elements mit dem Tierkreiszeichen Ziege stets interessant ist.

Die Erd-Ziege ist der stetige, schwere Arbeiter unter den Tieren des chinesischen Horoskops. Grundsätzlich optimistischer Natur, arbeitet sie zielgerichtet für die Zukunft, überzeugt, dass sie etwas zum Guten bewirken könne.

Die Metall-Ziege ist eine recht entschlossene Ziege, die sogar Schneid besitzt.

Die Wasser-Ziege wird alles tun, um die Klippen des Lebens zu umschiffen, Streit zu vermeiden und ihr Leben ohne Probleme zu leben.

Der Holz-Affe ist organisierter und beständiger als die meisten seiner Artgenossen. Er kann langfristige Projekte umsetzen, ohne sich ablenken zu lassen.

Der Feuer-Affe fühlt sich am wohlsten auf einer Bühne, angehimmelt von anderen. Sein Instinkt ist verlässlich, und er verlässt sich gern darauf.

Der Erd-Affe ist der ruhigste unter den Affen und daher fast untypisch. Meist hat er den Kopf in einem Buch oder die Finger in irgendeiner Wohltätigkeitsarbeit.

Der Metall-Affe legt großen Wert auf finanzielle Sicherheit und zeigt in seinem Zuhause, was er sich leisten kann.

Der Wasser-Affe turnt nicht einfach über Hindernisse hinweg, sondern er umschifft sie vorsichtig und ist daher ein relativ kooperativer Affe.

Der Holz-Hahn scheint auf den ersten Blick recht umgänglich zu sein. doch das täuscht. Wenn es hart auf hart kommt, ist er ebenso scharfzüngig wie seine Brüder. Er ist ein Arbeitstier, das dazu neigt, sich selbst zu überschätzen.

Der Feuer-Hahn ist der geborene Dramatiker und setzt am liebsten sich selbst in Szene. Zum Glück ist das nicht bar jeglicher Grundlage, und meist erreicht er hohe Positionen.

Der Erd-Hahn besitzt zwar nicht den gleichen Sinn für Dramatik wie die anderen Hähne, doch das macht er durch größere Entschlossenheit leicht wieder wett.

Der Metall-Hahn ist manchmal nicht auszuhalten, so wichtig nimmt er sich selbst. Auf der anderen Seite kann dieser Hahn besonders schwer und sorgfältig arbeiten, und seine Ziele erreicht er mit viel Einsatz meist auch.

Der Wasser-Hahn ist ein angenehmer, sympathischer Hahn, der nur wenig Prahlerisches besitzt.

Dem Holz-Hund ist jegliche Schwarzweißmalerei fremd, er ist zugänglicher als andere Hunde und gilt als guter Begleiter.

Der Feuer-Hund wirkt schillernd und charismatisch und besitzt für das andere Geschlecht große Anziehungskraft.

Der Erd-Hund ist sehr ruhig und stabil, hat einen realistischen Sinn für den Umgang mit den Dingen des Lebens und wird nicht von irgendwelchen hochstrebenden Idealen geplagt.

Der Metall-Hund ist besonders prinzipientreu und bar jeder Flexibilität. Er klebt an einer Idee wie Fliegen am Leim und geht für sie durch dick und dünn.

Der Wasser-Hund verlässt sich gern auf seinen ausgezeichneten Instinkt und geht das Leben friedlicher an als andere Hunde.

Das Holz-Schwein weckt in anderen Menschen Vertrauen und wird daher oft in hohe Positionen gewählt. Es ist sehr kommunikativ.

Das Feuer-Schwein neigt zu extremen Höhenflügen – oder extrem tiefen Abstürzen. Diese Wesen brauchen ständig einen Anstoß von außen.

Das Erd-Schwein ist schlicht, einfach, unprätentiös und dadurch wunderbar erfrischend.

Das Metall-Schwein ist kein einfacher Charakter. Es will dominieren, es hat ein bisweilen grobes Benehmen, und im tiefsten Innnern seiner Seele ist es sehr ehrgeizig.

Das Wasser-Schwein besitzt ausgeprägte Fähigkeiten, die unter der Oberfläche verdeckten Wahrheiten aufzuspüren. Es ist einfühlsam und verständnisvoll und kann daher gut mit Menschen umgehen, die ständig in Schwierigkeiten stecken.

WOHLFÜHLEN MIT DER KUA-ZAHL

Analog zu den acht Feldern des Bagua gibt es acht Himmelsrichtungen, die sich in zwei Kategorien unterteilen. Ihre Kua-Zahl – Sie finden sie rechts in der Tabelle auf Seite 16/17, die erste Spalte betrifft Männer, die zweite Frauen – sagt Ihnen, ob Sie zur östlichen oder westlichen Gruppe gehören.

Jeder Kua-Zahl sind ein Element und vier förderliche sowie vier ungünstige Himmelsrichtungen zugeordnet. Prinzipiell sind alle vier günstigen Himmelsrichtungen zu empfehlen. Welche speziell für welchen Lebensbereich geeignet ist, wird im Folgenden präzisiert. Überprüfen Sie einmal, in welche Richtung Sie von Ihrem Lieblingsplatz aus schauen – höchstwahrscheinlich gehört sie zu denen, die Ihnen zugeordnet sind. Kaufen Sie sich einen Kompass – gibt's billig in Spielwarenläden – und korrigieren Sie nötigenfalls die Ausrichtung aller Plätze, an denen Sie oft verweilen, wie Lesesessel, Schreibtisch, Bett und Ihren Platz am gemeinsamen Esstisch. Wichtig ist, dass es beim Gehen oder Sitzen um die Richtung geht, in die Sie schauen, beim Liegen aber um die Lage des Kopfes.

SHENG CHI (ERZEUGENDER ATEM)

Sich nach der Sheng-Chi-Richtung zu orientieren, ist nie verkehrt. Sie bringt Glück und ist in allen Lebenslagen hilfreich.

TIEN YI (HIMMLISCHER ARZT)

Diese Richtung ist insbesondere bei oder nach einer Krankheit zu empfehlen. Stellen Sie das Krankenbett mit dem Kopfende Richtung Tien Yi

NIEN YEN (HARMONIE)

Harmonie beschert Nien Yen vor allem Liebenden, aber auch familiäre Zwistigkeiten hilft diese Himmelsrichtung beizulegen.

FU WEI (KLARHEIT)

Die Richtung für Denker. Stellen Sie Ihren Schreibtisch so, dass Sie genau nach Fu Wei blicken.

DIE VIER GÜNSTIGEN HIMMELSRICHTUNGEN

Kua-Zahl	Sheng Chi	Tien Yi	Nien Yen	Fu Wei
1	SO	O	S	N
2	NO	W	NW	SW
3	S	N	SO	O
4	N	S	O	SO
6	W	NO	SW	NW
7	NW	SW	NO	W
8	SW	NW	W	NO
9	O	SO	N	S

DIE VIER UNGÜNSTIGEN HIMMELSRICHTUNGEN

Kua-Zahl				
1	NW	NO	SW	W
2	N	O	SO	S
3	NO	SW	W	NW
4	NO	SW	W	NW
6	O	SO	S	N
7	N	O	SO	S
8	N	O	SO	S
9	NO	SW	W	NW

ERMITTLUNG DER KUA-ZAHL

Um Ihre persönliche Kua-Zahl zu ermitteln, schauen Sie also in die Tabelle auf Seite 16/17 in der Spalte nach, die den Zeitaum umfasst, in dem Sie geboren wurden. Da erfahren Sie zunächst Ihr chinesisches Tierkreiszeichen und das Element, das zum Zeitpunkt Ihrer Geburt das Jahr regiert hat; dann folgen zwei Spalten mit Zahlen: Die linke ist für Männer, die rechte für Frauen (manche Feng-Shui-Berater arbeiten nur mit den Zahlen für Männer).

Wenn Ihre Zahl die 5 sein sollte, so ersetzen Sie sie durch eine 8, wenn Sie ein Mann sind, und durch eine 2, wenn Sie eine Frau sind. Nun schauen Sie oben auf dieser Seite Ihre günstigen und ungünstigen Himmelsrichtungen nach.

HIMMELSRICHTUNGEN UND DAS BAGUA

Wer sich ein wenig mit Feng Shui befasst hat, dem ist auch das bekannte Bagua vertraut, die Zuordnung von Energiebereichen zu bestimmten Ecken eines Zimmers, einer Wohnung, eines Hauses, eines Gartens. Wenn Sie das Bagua so über den Grundriss Ihrer Wohnung legen (meist erhalten Sie einen gemeinsam mit dem Mietvertrag – eine Skizze tut es auch), dass die Eingangstür an der Seite Wissen–Karriere–Hilfreiche Freunde liegt, können Sie ganz leicht ablesen, welcher Bereich Ihrer Wohnung welche Energie symbolisiert. Das Gleiche gilt auch für die einzelnen Räume.

Diese Zuordnung ist eine energetische. Das bedeutet nichts weiter als: In einer ganz bestimmten Ecke sammelt sich Energie, die für einen bestimmten Lebensbereich Auswirkungen hat. Wer sich bemüht, sein Leben und seinen Lebensraum im Einklang mit den Energien des Universums zu gestalten, kann auch versuchen, die einzelnen Bereiche der Wohnung diesen Zuordnungen entsprechend zu nutzen – er muss es aber nicht.

REICHTUM	RUHM	PARTNERSCHAFT
FAMILIE	TAI CHI	KINDER
WISSEN	KARRIERE	HILFREICHE FREUNDE

Eingangsseite

Wenn sich in der Geld-Ecke seiner Wohnung das Schlafzimmer befindet, so kann es ausreichen, hier etwas zu platzieren, das für Geld und Reichtum steht. Es muss nicht der Tresor sein. Anregungen finden sich bei den Tipps im Kalenderteil.

Es soll hier gar nicht weiter auf die Wenns und Abers, auf die Tücken und Sonderfälle der einzelnen Wohnungen eingegangen werden, auf fehlende Bereiche (Spiegel helfen, sie symbolisch zu ersetzen) oder herausragende Vorsprünge (sie gelten als hilfreiche Erweiterungen). Darauf geht die gesamte Feng-Shui-Literatur höchst ausführlich ein.

Betont sei der Hinweis, dass jeder Raum Ihrer Wohnung von seiner Eingangstür aus gesehen sein eigenes Bagua hat. Ein Zimmer, in dem Sie sich häufig aufhalten, der Ihr Leben spiegelt und prägt, sollte also keine wichtigen fehlenden oder verstellten Bereiche haben – hier sollten Sie bewusst gegensteuern – mit den klassischen Hilfsmitteln des Feng Shui: Mobiles, Kristallkugeln, Bildern, Pflanzen, Licht, Farben und so weiter.

INDIVIDUALITÄT DES WOHNENS

Stellen Sie sich vor, Ihre Freundin, die ein Jahr älter ist als Sie, ist in eine neue Wohnung gezogen, schwärmt Ihnen davon vor, wie wohl sie sich darin fühlt, und lädt Sie zu einer Besichtigung ein. Und Sie? Sie erleben eine herbe Enttäuschung. Die Wohnung wirkt auf Sie kalt und abweisend. Dabei ist das Schlafzimmer hinten rechts, das Esszimmer im Familienbereich links, und Spiegel und Kristalle gleichen fehlende Teile aus und mildern scharfe Kanten. Woran liegt es also, dass Sie sich in der Wohnung Ihrer Freundin nicht wohl fühlen?

Ein Blick auf die Kua-Zahl kann hier helfen. Angenommen, Ihre Freundin hat die Kua-Zahl 1, Sie die Kua-Zahl 2. Dann ist für Sie beide zum Beispiel die Richtung Osten völlig unterschiedlich besetzt – für Ihre Freundin ist sie gut, Sie fühlen sich damit überhaupt nicht wohl.

Diese unterschiedliche Bewertung der einzelnen Richtungen, die keine Frage des Feng Shui ist, sondern eine Frage Ihres Alters, hat zur Folge, dass es schlicht nicht möglich ist, Feng-

Shui-Tipps so zu formulieren, dass sie für jeden Menschen gleichermaßen zutreffen. Die Energie, die klassischerweise dem Feuer zugeordnet wird, muss nicht notwendigerweise im Süden Ihrer Wohnung liegen, sondern kann eine ganz andere Richung bekommen – je nachdem, in welcher Richtung die Eingangstür zu Ihrer Wohnung liegt. Sie steht nämlich im Bagua für Ruhm, und der ist nicht notwendigerweise im Süden angesiedelt, sondern der Eingangstür Ihrer Wohnung oder Ihres Hauses gegenüber.

Sehen Sie einmal in der Übersicht über die Elemente nach, mit welchen Himmelsrichtungen und welchen Qualitäten sie verbunden werden. Dann wird Ihnen rasch klar, warum Süden die beste Himmelsrichtung für das Wohnzimmer ist (eine Tatsache, die auch europäischen Baumeistern der alten Schule sehr wohl vertraut ist). Die Gestaltung Ihres Lebensraumes ist also ein individueller Kompromiss aus den Himmelsrichtungen und den damit verbundenen Energien einerseits und der Funktionszuordnung des Baguas und den damit verbundenen Energien andererseits.

REICHTUM Südosten	RUHM Süden	PARTNERSCHAFT Südwesten
FAMILIE Osten	TAI CHI Mitte	KINDER Westen
WISSEN Nordosten	KARRIERE Norden	HILFREICHE FREUNDE Nordwesten

Eingangsseite

WAS SAGT IHNEN DER FENG-SHUI-KALENDER?

In diesem Kalender finden Sie in der Einleitung viele Informationen, die Ihr persönliches chinesisches Horoskop betreffen, und der Kalender ist im Grunde ein vereinfachter chinesischer Bauernkalender, wie er von chinesischen Astrologen zur Vorhersage der Zukunft verwendet wird.

Auch ohne irgendetwas mit Feng Shui zu verbinden, könnten Sie sich an den an jedem Tag herrschenden Energien orientieren, die diesen Tag charakterisieren. In der linken Spalte finden Sie den Jahresherrscher und das Element, in der mittleren Spalte finden Sie den Monatsregenten und das den Monat beherrschende Element, und in der rechten Spalte erscheint der Tagesherrscher und das an diesem Tag vorherrschende Element. Das Sternchen (*) hinter dem Elementnamen bedeutet, dass Yang-Energie vorherrscht.

Angenommen, Sie sind in einem Jahr mit dem Element Feuer geboren. Das heißt, dass Sie immer dann, wenn Feuer-Energie herrscht, „in Ihrem Element sind" (das kann auch zu „Verbrennungen" führen). Wie sich Ihr Element mit anderen Elementen verträgt, können Sie den Seiten 30–32 entnehmen. Eines kann schon verraten werden: Für Erde-Geborene wird das Feuer-Jahr 2006 eher fruchtbar. – Wie es Ihnen als Tiger, Huhn oder Drache in einem bestimmten Monat des Jahres 2006 gehen wird, wie sich also Ihr Tierkreiszeichen mit dem des jeweiligen Monats verträgt, können Sie den Anregungen im dritten Teil des Kalenders entnehmen. Nach dem gleichen Prinzip können Sie die Tagesenergie modifizierend ins Spiel bringen.

Hierzu gleich eine Warnung: Chinesische Astrologie denkt hierarchisch. Der grundsätzliche Einfluss des Elements Feuer und des Jahresregenten Hund im größten Teil des Jahres 2006 wird durch die Monatsregenten modifiziert, unterstützt oder abgewandelt und auf einer kleinteiligeren, detaillierteren Ebene durch die Tagesenergie. Eine Art Rechenexempel aus der an einem Tag vorherrschenden Energie in der Art: „1xFeuer+ 1xWasser hebt sich auf", zu bilden, wäre eine rein europäische

Denkweise. Es geht bei der chinesischen Astrologie nicht um Summenbildung, sondern um Qualitäten.

Soweit der reine Aspekt der chinesischen Astrologie, die dieser Kalender bietet. In dem Moment, wo Sie mit Feng Shui arbeiten, gehen Sie jedoch noch einen Schritt weiter.

DIE VERBINDUNG VON ZEIT UND RAUM

Über die Elemente und Tierkreiszeichen ist Ihr persönliches chinesisches Horoskop mit Ihrem Lebensraum verbunden. Es ist ja das gleiche Element Feuer, dessen Himmelsrichtung der Süden ist und dem das Bagua des Ruhmes zugeordnet ist, das möglicherweise Ihr Geburtsjahr regiert hat. Die Folge ist, dass für Sie bestimmte Himmelsrichtungen besonders günstig sind, weil sie sich mit der Richtung, die Ihrem Geburtsjahr zugeordnet wird, gut vertragen. Diesen Zusammenhang fasst die Kua-Zahl zusammen.

Über die Kua-Zahl verbinden sich chinesische Astrologie und die Kunst des Feng Shui oder anders ausgedrückt: Zeit und Raum: Die Astrologie verfolgt die Energien des Yin und Yang und der Elemente über die Zeit, das Feng Shui setzt sie mit Ihrem Lebensraum in Bezug. Es kann daher sein, dass Sie sich in bestimmten Zeiten in einem Raum nicht wohl fühlen, der in eine Ihrer „guten" Richtungen weist, dass Sie in bestimmten Phasen Ihres Lebens völlig untypische Schlafrichtungen bevorzugen oder Ihren Schreibtisch am liebsten umdrehen würden. Tun Sie es – und ändern Sie die Richtung wieder, wenn Sie spüren, dass Sie sie nicht mehr benötigen.

Eines sollte bei all diesen Analogien, Zuordnungen, widersprüchlichen Richtungen und Zahlen deutlich geworden sein: Der einzige Maßstab für Ihr Wohlbefinden sind Sie selbst. Der Feng-Shui-Kalender kann Ihnen nur helfen, Mittel und Wege zu finden, Ihr Wohbefinden in Ihrer Umgebung an jedem Tag des Jahres 2006 zu steigern.

SYMBOLE

TIERKREISZEICHEN

 Ratte

 Büffel

 Tiger

 Hase

 Drache

 Schlange

 Pferd

 Ziege

 Affe

 Hahn

 Hund

 Schwein

ELEMENTE

木 Holz

火 Feuer

土 Erde

金 Metall

水 Wasser

* = Yang-Energie

TEIL II

FENG-SHUI-KALENDER FÜR DAS JAHR 2006

DEZEMBER/JANUAR 52. Woche

Montag **26. Dezember**	 木 Holz	* 土 Erde*	* 木 Holz*
Dienstag **27. Dezember**	 木 Holz	* 土 Erde*	 木 Holz
Mittwoch **28. Dezember**	木 Holz	* 土 Erde*	* 火 Feuer*
Donnerstag **29. Dezember**	木 Holz	* 土 Erde*	 火 Feuer
Freitag **30. Dezember**	木 Holz	* 土 Erde*	* 土 Erde*
Samstag **31. Dezember**	木 Holz	* 土 Erde*	 土 Erde
Sonntag **1. Januar**	木 Holz	* 土 Erde*	* 金 Metall*

RAUM FÜR NOTIZEN

Wenn Sie alle Familienfeiern bereits glücklich hinter sich gebracht haben, können Sie sich heute einen gemütlichen und zärtlichen Tag mit Ihrem Partner machen oder das neue Jahr in Ruhe vorplanen.

Wenn in einer Ecke Ihrer Wohnung die Chi-Energie stagniert, legen Sie dort einfach Ihr Handy ab. Jedes Läuten aktiviert die Energie in diesem Bereich. Licht oder eine Pflanze hat natürlich die gleiche Wirkung.

Nach einem Streit können Sie die belastete Atmosphäre mit einer Klangschale reinigen, die Sie mehrmals anschlagen – allerdings nicht hektisch, weil Sie noch aufgebracht sind, sondern in Ruhe.

Beginnen Sie jetzt nach den Feiertagen damit, alles, was Sie nicht mehr benötigen, auszumustern, um dem neuen Jahr Raum zu geben. Verabschieden Sie sich von Gegenständen ebenso wie von alten Gedanken.

Schummriges Licht im Vorzimmer bremst das Chi gleich beim Eintreten und ist daher nicht günstig. Beleuchten Sie das Vorzimmer, auch wenn Sie es nur als Durchgangsraum verwenden.

Für angeregte Gespräche beim Silvesterdinner sorgt Silberbesteck. Die Metall-Energie lockt auch hartnäckige Schweiger aus der Reserve. Silber ist außerdem energetisch gesünder als Edelstahl.

Gehen Sie hinaus in den Schnee, an die frische Luft, und machen Sie sich Bewegung. Auch der Wechsel zwischen Bewegung und Ruhe ist ein wesentlicher Teil des Yin-Yang-Gleichgewichts.

JANUAR I. Woche

Montag **2. Januar**	木 Holz	土 Erde*	金 Metall
Dienstag **3. Januar**	木 Holz	土 Erde*	水 Wasser*
Mittwoch **4. Januar**	木 Holz	土 Erde*	水 Wasser
Donnerstag **5. Januar**	木 Holz	土 Erde	木 Holz*
Freitag **6. Januar**	木 Holz	土 Erde	木 Holz
Samstag **7. Januar**	木 Holz	土 Erde	火 Feuer*
Sonntag **8. Januar**	木 Holz	土 Erde	火 Feuer

RAUM FÜR NOTIZEN

Wenn zwei Kinder ein Kinderzimmer teilen, empfiehlt es sich, die Kopfenden der beiden Betten in dieselbe Richtung zu wenden. Die Kinder werden weniger streiten, weil sie sich nicht als Gegenüber erleben.

Trockenblumen sind ein Symbol für das Vertrocknete, nicht mehr Lebendige und daher in der Wohnung nicht zu empfehlen, es sei denn, Sie haben viele lebendige Pflanzen – dann stören Trockenblumen nicht.

Spiegel gelten als gutes Feng-Shui-Hilfsmittel, im Kinderzimmer haben sie allerdings nichts verloren, da sie hier zu Unruhe und Schlafstörungen führen. Großmutter hat das noch gewusst, wenn auch anders begründet.

Badezimmer wirken oft ungemütlich, weil die Fliesen Geräusche zu laut übertragen. Dämpfen Sie den Lärm mit Teppichen und mit Regalen, in denen Sie Handtücher aufbewahren. Die Teppiche sollten Sie häufig waschen.

Der Bereich der Familie in Ihrem Bagua ist auch der Gesundheit zugeordnet. Wenn er in Ihrer Wohnung fehlt, sollten Sie in allen Räumen, wo dies möglich ist, in der entsprechenden Zone Pflanzen aufstellen.

Während des Essens sollten die Türen im Esszimmer geschlossen bleiben, damit der kontinuierliche Chi-Fluss erhalten bleibt. Unsere Vorfahren sagten: damit der Friede bei der Mahlzeit nicht davongetragen wird.

Wenn vor Ihrem Haus ein Fluss oder Bach fließt, kann es energetische Probleme geben, wenn die Fließrichtung des Gewässers nicht mit der Ausrichtung Ihrer Vordertür harmonisiert.

JANUAR 2. Woche

Montag 9. Januar	 木 Holz	 土 Erde	 土 Erde*
Dienstag 10. Januar	 木 Holz	 土 Erde	 土 Erde
Mittwoch 11. Januar	 木 Holz	 土 Erde	 金 Metall*
Donnerstag 12. Januar	 木 Holz	 土 Erde	 金 Metall
Freitag 13. Januar	 木 Holz	 土 Erde	 水 Wasser*
Samstag 14. Januar	 木 Holz	 土 Erde	 水 Wasser
Sonntag 15. Januar	 木 Holz	 土 Erde	 木 Holz*

RAUM FÜR NOTIZEN

Entrümpeln Sie immer wieder Ihre Schränke, Vorratsräume und Abstellkammern und trennen Sie sich von allen Dingen, die Sie länger als ein Jahr nicht verwendet haben – sie bremsen den Energiefluss.

Der Energieaustausch einer Wohnung beschleunigt sich, wenn mehrere Personen täglich durch die Eingangstür gehen, da jedes Mal ein neuer Chi-Fluss gestartet wird. Auf diese Weise können Sie ihn etwas steuern.

Sind Sie mit Ihrer Beziehung unzufrieden, obwohl alles in Ordnung ist? Ändern Sie Ihr Schlafzimmer so um, dass Sie keine südliche Chi-Energie aufnehmen. Weist Ihr Schlafzimmer nach Süden, ist ein Vorhang essenziell.

Sie können nicht delegieren? Schieben Sie Ihren Schreibtisch in den Nordwesten Ihres Büros und verstärken Sie dadurch die nordwestliche Chi-Energie. Das ist die Position für Chefschreibtische.

Haben Sie gewusst, dass selbst bei internationalen Unternehmen das Feng Shui der Zentrale wesentlich die Atmosphäre in sämtlichen Filialen beeinflusst? Diese Erkenntnis lässt sich auch auf Ihre Familie übertragen.

Reinigen Sie Räume und Kristalle nicht nur traditionell mit Staubsauger und Seifenlauge, sondern nehmen Sie auch eine energetische Reinigung vor – mit Räucherstäbchen, Musik oder Händeklatschen in allen Ecken.

Streuen Sie vor dem Schlafengehen ein wenig Meersalz auf den Boden Ihres Schlafzimmers, das reinigt die Atmosphäre. Morgen Früh kehren Sie es auf und bringen es sofort aus der Wohnung.

JANUAR   3. Woche

Montag 16. Januar	木 Holz	土 Erde	木 Holz
Dienstag 17. Januar	木 Holz	土 Erde	火 Feuer*
Mittwoch 18. Januar	木 Holz	土 Erde	火 Feuer
Donnerstag 19. Januar	木 Holz	土 Erde	土 Erde*
Freitag 20. Januar	木 Holz	土 Erde	土 Erde
Samstag 21. Januar	木 Holz	土 Erde	金 Metall*
Sonntag 22. Januar	木 Holz	土 Erde	金 Metall

RAUM FÜR NOTIZEN

Haben Sie einen Termin, bei dem Sie besonders kompetent und Vertrauen erweckend wirken wollen? Yang-Accessoires wie leuchtende Halstücher, Krawatten oder Metallschmuck verstärken diesen Eindruck.

Achten Sie darauf, dass Ihre Wohnung wie IHRE Wohnung aussieht. Persönliche Gegenstände und Erinnerungsstücke an angenehme, positive Erlebnisse sind für einen guten Chi-Fluss eine wichtige Unterstützung.

Schaffen Sie glatte Arbeitsflächen in Ihrer Küche und halten Sie diese immer sauber. Sie erleichtern sich damit nicht nur die Arbeit, sondern sorgen gleichzeitig auch für einen ungestörten Chi-Fluss.

Naschen vor dem Schlafengehen erschwert das Entspannen, da Zucker dem Körper zu viel Energie zuführt. Gegen das Gefühl des leeren Magens könnten Sie vor dem Schlafengehen ein Glas Wasser trinken.

Haben Sie das Gefühl, Ihr Partner interessiert sich zu wenig für die Kinder? Verteilen Sie Kinderfotos, -zeichnungen und Spielsachen im Südwesten der Wohnung. Und lassen Sie ihn mehr mit den Kindern allein.

Auch wenn es üblich ist: Das Katzenklo hat auf der Toilette nichts verloren. Da die Katze kaum Türen öffnen kann, muss die Tür zur Toilette offen bleiben – und das führt zu ungünstigen energetischen Bedingungen.

Ein Yin-Bagua muss stets außerhalb des Hauses aufgehängt werden und soll auf jeden Fall immer vom Haus wegzeigen, sonst kann es durch zu hohe Yin-Energie negative Auswirkungen haben.

JANUAR 4. Woche

Montag **23. Januar**	 木 Holz	 土 Erde	 水 Wasser*
Dienstag **24. Januar**	 木 Holz	 土 Erde	 水 Wasser
Mittwoch **25. Januar**	 木 Holz	 土 Erde	 木 Holz*
Donnerstag **26. Januar**	 木 Holz	 土 Erde	 木 Holz
Freitag **27. Januar**	 木 Holz	 土 Erde	 火 Feuer*
Samstag **28. Januar**	 木 Holz	 土 Erde	 火 Feuer
Sonntag **29. Januar**	 木 Holz	 土 Erde	 土 Erde*

RAUM FÜR NOTIZEN

Wenn Ihre Wohnung tagsüber leer steht, entsteht eventuell überschüssige Yin-Energie. Mit Klang – zum Beispiel mit einem Windspiel – kann diese Stille unaufdringlich, aber wirkungsvoll durchbrochen werden.

Mit Teppichen kann man sowohl Zentren schaffen als auch Inseln, um einen bestimmten Teil des Raumes zu betonen. Sie können zum Ort der Begegnung werden, wenn sie nicht mit Möbeln zugestellt werden.

Fehlt in Ihrem Büro eine Ecke, womöglich Ihre persönliche Glücksecke, lässt sich dieses Manko mit Hilfe eines Wandspiegels ausgleichen. Er zeigt symbolisch den fehlenden Raum, auch wenn es nur ein Spiegelbild ist.

Die beste Lage für ein Bad ist östlich oder südöstlich des Hauszentrums. Böse Zungen behaupten allerdings, man solle die Toilette gleich außerhalb des Hauses anlegen oder die des Nachbarn benutzen.

Fehlt es Ihrem Kind an Ehrgeiz, stellen Sie den Schreibtisch so, dass der Blick nach Nordosten gerichtet ist. Prüfen Sie sich aber vorher sorgfältig, ob Sie Ehrgeiz überhaupt für ein sinnvolles Ziel Ihrer Erziehung halten!

Eine Küche im Osten ist optimal. Nicht nur Sie selbst tanken schon beim Frühstück Sonnenenergie, auch der Raum wird bereits ab den ersten Morgenstunden mit ausreichend Chi für den ganzen Tag versorgt.

Sie haben das Gefühl, Ihnen fällt die Decke auf den Kopf? Vielleicht liegt das am Neumond, vielleicht befindet sich aber auch Ihr Sitzplatz im Norden Ihrer Wohnung. Setzen Sie sich zumindest zeitweise in den Süden.

JANUAR/FEBRUAR 5. Woche

Montag **30. Januar**	 木 Holz	 土 Erde	 土 Erde
Dienstag **31. Januar**	 木 Holz	 土 Erde	 金 Metall*
Mittwoch **1. Februar**	 木 Holz	 土 Erde	 金 Metall
Donnerstag **2. Februar**	 木 Holz	 土 Erde	 水 Wasser*
Freitag **3. Februar**	 木 Holz	 土 Erde	 水 Wasser
Samstag **4. Februar**	 火 Feuer*	 金 Metall*	 木 Holz*
Sonntag **5. Februar**	 火 Feuer*	 金 Metall*	 木 Holz

RAUM FÜR NOTIZEN

Vermeiden Sie kahle Wände. Oft genügt schon ein einzelnes Bild oder ein Spiegel, um das Chi in Bewegung zu bringen. Es muss ja nicht gleich wie im Museum aussehen, damit es dazu kommen kann.

Wer dazu neigt, sich selbst nichts zu gönnen, sollte nach mehr Yin-Energie streben. Leichte Mahlzeiten können Ihnen helfen, sich selbst gegenüber großzügiger zu sein, auch wenn das zunächst widersinnig klingen mag.

Ein neuer Aufbruch steht bevor, im Beruf oder im Privatleben? Stärken Sie Ihre östliche Energie, schlafen Sie mit dem Kopf nach Osten und stellen Sie im Osten der Wohnung Wasserobjekte auf.

Ihre Beziehung können Sie bestärken, indem Sie paarweise Kerzenhalter oder Vasen aufstellen. Diese Anordnung fördert das Zusammengehörigkeitsgefühl. Das ist nicht nur ein erfolgreicher Liebeszauber!

Bilder von Früchten an den Wänden symbolisieren im Feng Shui Gesundheit und Glück. Gerade im Winter sind solche Symbole für Körper und Geist hilfreich. Der Vorteil: Sie halten sich länger als echtes Obst.

Alte Möbel sollten Sie mit Zitronenwasser oder Essigwasser reinigen, wenn Sie sie übernehmen, um sie von Erinnerungen an frühere Besitzer zu befreien. Danach ist auch ein Reinigen durch helle Klänge passend.

Wollen Sie abnehmen? Hängen Sie Fotos in Ihrer Küche auf, auf denen Sie so aussehen, wie Sie sich das wünschen, das motiviert – und zwar auch Ihr Unterbewusstsein! Probieren Sie es aus.

FEBRUAR   6. Woche

Montag **6. Februar**	 火 Feuer*	 金 Metall*	 火 Feuer*
Dienstag **7. Februar**	 火 Feuer*	 金 Metall*	 火 Feuer
Mittwoch **8. Februar**	 火 Feuer*	 金 Metall*	 土 Erde*
Donnerstag **9. Februar**	 火 Feuer*	 金 Metall*	 土 Erde
Freitag **10. Februar**	 火 Feuer*	 金 Metall*	 金 Metall*
Samstag **11. Februar**	 火 Feuer*	 金 Metall*	 金 Metall
Sonntag **12. Februar**	 火 Feuer*	 金 Metall*	 水 Wasser*

RAUM FÜR NOTIZEN

Ein Sofa vor dem Fenster vermittelt wenig Geborgenheit. Entschärfen Sie es mit einer großen Pflanze, die Sie hinter das Möbel stellen. Wenn der Platz dazu nicht ausreicht, verwenden Sie dichte Vorhänge.

Wendeltreppen haben einen instabilen Energiestrom. Bremsen Sie das Chi mit einer hochgewachsenen Pflanze am unteren Ende der Treppe. Sie sollte gesund sein – dann verkörpert sie zugleich Reichtum.

Hapert es bei Ihnen mit der Karriere? Hier können Sie in Ihrer Wohnung Impulse setzen. Ein Quellstein in der Nähe der Eingangstür bringt nicht nur das Wasser, sondern auch Ihr berufliches Fortkommen in Fluss.

Salzlampen reinigen die Atmosphäre – stellen Sie vor allem in jedem Raum eine auf, in dem es immer wieder zu Spannungen kommt. Das warm schimmernde Licht sorgt überdies für Wohlbefinden.

Wenn Sie ein Workaholic sind, sollte Ihr Haus oder Ihre Wohnung als Ausgleich besonders Yin-betont sein. Kuschelige Sofas und weiche Teppiche verlangsamen das Chi und helfen Ihnen entspannen.

Streichen Sie Ihr Dach nicht blau, da Wasser auf dem Berg Überflutung und damit Unheil symbolisiert. Sie wären ohnehin nicht auf diese Idee gekommen? Feng Shui hat tatsächlich viel mit gesunder Vernunft zu tun.

Häuser oder Wohnungen, die zu dicht an einem bewegten Gewässer liegen, geraten dadurch leicht in einen zu starken Yang-Einfluss; aktive, männliche Energie wird überwiegen. Hier ist Yin zum Ausgleich gefragt.

FEBRUAR   7. Woche

Montag
13. Februar

火 Feuer*

金 Metall*

水 Wasser

Dienstag
14. Februar

火 Feuer*

金 Metall*

木 Holz*

Mittwoch
15. Februar

火 Feuer*

金 Metall*

木 Holz

Donnerstag
16. Februar

火 Feuer*

金 Metall*

火 Feuer*

Freitag
17. Februar

火 Feuer*

金 Metall*

火 Feuer

Samstag
18. Februar

火 Feuer*

金 Metall*

土 Erde*

Sonntag
19. Februar

火 Feuer*

金 Metall*

土 Erde

Wenn Teile Ihres Hauses ständig im Schatten liegen, sollten Sie – besonders in der dunklen Jahreszeit – diese Bereiche durch Kerzen erhellen. Heute hilft Ihnen allerdings der Vollmond im Löwen dabei.

Verschenken Sie am heutigen Valentinstag keine dornigen Rosen, sondern Lilien: Sie bringen dem Beschenkten Glück und Liebe. Wussten Sie schon, dass frische Blumen in Ihrer Wohnung wahre Wunder wirken?

Wenn Sie im Wissensbereich des Bagua Ihrer Wohnung keine Lexika oder Bücherregale aufstellen können – etwa weil hier das Badezimmer liegt –, so hängen Sie Bilder mit der Farbe Blau oder einem Berg auf.

Chi-Stagnation in dunklen Ecken kann mit Mobiles oder Deckenventilatoren entgegengewirkt werden. Sie sorgen für Bewegung. Sie selbst sollten darunter hindurchgehen können, ohne dagegen zu stoßen.

Damit die Reichtumszone des Bagua gestärkt wird, sollten Sie hier einen Zimmerbrunnen, frische Blumen oder eine schwarze Schale mit einer roten Serviette und goldenen Früchten aufstellen.

Pflanzen mit runden, hängenden Blättern wirken beruhigend und harmonisierend. Wo Sie sich abgrenzen wollen, können stachelige Pflanzen oder solche mit lanzettförmigen Blättern hilfreich sein.

Kopfschmerzen können von zu viel Yin oder von zu viel Yang herrühren. Sie merken es selbst: Einmal sitzen sie im Stirnbereich, im anderen Fall eher im Nackenbereich. Viel Wasser trinken ist die beste erste Hilfe.

FEBRUAR   8. Woche

Montag **20. Februar**	 火 Feuer*	 金 Metall*	 金 Metall*
Dienstag **21. Februar**	 火 Feuer*	 金 Metall*	 金 Metall
Mittwoch **22. Februar**	 火 Feuer*	 金 Metall*	 水 Wasser*
Donnerstag **23. Februar**	 火 Feuer*	 金 Metall*	 水 Wasser
Freitag **24. Februar**	 火 Feuer*	 金 Metall*	 木 Holz*
Samstag **25. Februar**	 火 Feuer*	 金 Metall*	 木 Holz
Sonntag **26. Februar**	 火 Feuer*	 金 Metall*	 火 Feuer*

RAUM FÜR NOTIZEN

Haben Sie gesundheitliche Probleme mit Ihren Augen, kann es helfen, die Spiegel in Ihrer Wohnung zu putzen und mit dem Rauch von Räucherstäbchen von negativer Energie zu reinigen.

Die Farbe Blau beruhigt und lindert Schmerzen. Zu viel davon kann zu depressiven Stimmungen führen. Malen Sie also nicht gleich das Zimmer blau, wenn Sie Rückenschmerzen haben – ein blaues T-Shirt reicht!

Türbeschläge sollten auf gar keinen Fall quietschen. Nur so haben neue Möglichkeiten und Situationen die Chance, ungehindert einzutreten. Ölen Sie also ab und zu Türangeln und Beschläge.

Die Größe Ihres Badezimmers sollte sich auf ein Minimum beschränken – je größer die Nasszellen, desto mehr negative Energie wird freigesetzt. Halten Sie jedenfalls die Tür zum Badezimmer stets geschlossen.

Die beste Lage für das Schlafzimmer ist der Raum, der am weitesten von der Eingangstür entfernt ist. Hier ist es energetisch am ruhigsten und er ist von Fremdeinflüssen am besten geschützt.

Haben Sie das Gefühl, dass Ihre Bildung zu kurz kommt? Stellen Sie einen Globus – am besten beleuchtet – in die nordöstliche Ecke Ihres Schlafzimmers – diese Konstellation fördert das Bildungsglück.

Das Wachstum – also auch das Gedeihen Ihrer Kinder – ist dem Yang zugeordnet. Kinderzimmer sollten hell, sonnig und großzügig sein. Sonst werden sich die Kinder darin kaum wohl fühlen.

FEBRUAR/MÄRZ   9. Woche

Montag **27. Februar**	 火 Feuer*	 金 Metall*	 火 Feuer
Dienstag **28. Februar**	 火 Feuer*	 金 Metall*	 土 Erde*
Mittwoch **1. März**	 火 Feuer*	 金 Metall*	 土 Erde
Donnerstag **2. März**	 火 Feuer*	 金 Metall*	 金 Metall*
Freitag **3. März**	 火 Feuer*	 金 Metall*	 金 Metall
Samstag **4. März**	 火 Feuer*	 金 Metall*	 水 Wasser*
Sonntag **5. März**	 火 Feuer*	 金 Metall	 水 Wasser

RAUM FÜR NOTIZEN

Buchhaltungsarbeiten sollten immer im Westen des Büros erledigt werden: Die Chi-Energie des Westens fördert die Gewinne. Wenn das nicht möglich ist, erledigen Sie sie in der Geld-Ecke des Bagua Ihres Büros.

Sind Sie beruflich schon weit oben angelangt? Stellen Sie Ihren Schreibtisch so, dass Sie Richtung Südwesten sehen, das ist jene Ausrichtung, die Ihre Position sichert und Führungsqualitäten begünstigt.

Nützen Sie in Ihrer Küche das Tageslicht aus. Wenn Sie künstliches Licht benötigen, weil Ihre Küche kein oder ein zu kleines Fenster hat, dann lassen Sie es indirekt strahlen. Hell sollte es in Ihrer Küche jedoch sein!

Ist Ihr Schlafzimmer zu Yang, schützt ein Himmel über dem Bett vor beunruhigendem Chi. Er kann auch bei einem südseitig liegenden Schlafzimmer die Lösung sein – oder wenn das Bett vor dem Fenster stehen muss.

Küchen sollten in Erdtönen oder in hellen Farben wie Weiß oder Gelb eingerichtet werden – nicht nur aus Gründen der Hygiene. Blau ist wegen seiner Nähe zum Wasser dagegen für Küchen eher ungeeignet.

Wenn Sie Ihren Gästen Salzgebäck anbieten, also stark Yang-betonte Snacks, denken Sie daran, dass mit viel Flüssigkeit, also Yin, die Harmonie wieder hergestellt werden muss. Wasser ist dabei nie falsch.

Entfernen Sie alle Elektrogeräte aus dem Raum, in dem Ihr neugeborenes Baby schläft, damit es nicht mehr belastenden elektromagnetischen Feldern als nötig ausgesetzt ist. Diese Belastung summiert sich.

MÄRZ   10. Woche

Montag
6. März

 火 Feuer*
 金 Metall
 木 Holz*

Dienstag
7. März

 火 Feuer*
 金 Metall
 木 Holz

Mittwoch
8. März

 火 Feuer*
 金 Metall
 火 Feuer*

Donnerstag
9. März

 火 Feuer*
 金 Metall
 火 Feuer

Freitag
10. März

 火 Feuer*
 金 Metall
 土 Erde*

Samstag
11. März

 火 Feuer*
 金 Metall
 土 Erde

Sonntag
12. März

 火 Feuer*
 金 Metall
 金 Metall*

	RAUM FÜR NOTIZEN
Polierter Stein fördert eine anregende Atmosphäre, weil er das Chi beschleunigt. Für langgestreckte Flure und das Schlafzimmer sind daher glatte Fliesen ungeeignet, für Küchen und Badezimmer schon eher.	
Sind Sie auf Arbeitssuche, hilft Ihnen die Metall-Energie am besten beim Vorstellungsgespräch. Verwenden Sie gezielt die Farben Altweiß, Grau oder Silber – in der Kleidung, im Schmuck, für Ihre Mappe.	
Achten Sie darauf, dass auf der anderen Seite der Wand, an der Ihr Kind schläft, kein elektrisches Gerät steht, das nachts unter Strom steht. Dazu gehört auch der Fernseher in Stand-by-Funktion!	
Beim Einplanen von Regenrinnen denken Sie daran, dass Wasser in den Rinnen immer von links nach rechts fließen soll, wenn die Vordertür in eine der Haupthimmelsrichtungen (Norden, Osten, Süden, Westen) weist.	
Musik fördert den Chi-Fluss und verhindert, dass zu viel Yin-Energie entsteht. Bremsen Sie Ihre Kinder nicht ein, wenn sie ständig Musik hören – auch wenn es nicht Ihre Linie ist, tut sie Ihrem Heim energetisch gut.	
Ein Bett mit Eisengestell kann das Magnetfeld der Erde aufgreifen, verstärken, verzerren und Ihren Schlaf rauben. Naturholz ist der beste Garant für gesunden Schlaf. Verbannen Sie unnötiges Metall aus dem Schlafzimmer.	
Doppelspiralen, die der Desoxyribonukleinsäure nachempfunden sind, so genannte DNS-Spiralen, fördern das positive Chi und können ein stabilisierendes Zentrum Ihrer Wohnung bilden.	

MÄRZ   11. Woche

Montag 13. März	 火 Feuer*	 金 Metall	 金 Metall
Dienstag 14. März	 火 Feuer*	 金 Metall	 水 Wasser*
Mittwoch 15. März	 火 Feuer*	 金 Metall	 水 Wasser
Donnerstag 16. März	 火 Feuer*	 金 Metall	 木 Holz*
Freitag 17. März	 火 Feuer*	 金 Metall	 木 Holz
Samstag 18. März	 火 Feuer*	 金 Metall	 火 Feuer*
Sonntag 19. März	 火 Feuer*	 金 Metall	 火 Feuer

RAUM FÜR NOTIZEN

Ältere Menschen, die unter Schlaflosigkeit leiden, schlafen am besten in einem Bett, das nach Norden ausgerichtet ist, jedoch nicht mit den Füßen zur Tür – das ist auch im Chinesischen die Totenlage.

Fühlen Sie sich bei der Arbeit unkonzentriert, versprühen Sie eine Mischung aus Quellwasser und einigen Tropfen Thymian- und Bergamotte-Öl – doch Vorsicht: nicht auf Ihre Dokumente oder Tastatur!

Ist Ihr Garten von einer hohen Mauer umgeben, können Sie dieser Yang-lastigen, strengen Form durch Efeu- oder Veitschibewuchs mehr beruhigendes Yin verleihen – und ganz nebenbei die Gartengrenzen verschleiern.

Suchen Sie einen Partner, schreiben Sie alle Eigenschaften auf, die Ihr Partner haben sollte, und deponieren Sie sie im Westen Ihrer Wohnung. Lassen Sie dem Schicksal jedoch eine Chance und bestimmen Sie nicht alles!

Nimmt der Winter gar kein Ende? Erhellen Sie die dunkle Jahreszeit mit leuchtenden Farben, Lampen und Kerzen. Gerade jetzt, wo die Sonne selten zu sehen ist, brauchen Sie viel Licht.

Künstler, die sich von den Musen verlassen fühlen, hilft ein langgestrecktes Studio. Die Yin-Betontheit des Raumes stärkt die Fantasie. Wenn Sie an einem Projekt länger arbeiten, können Sie es immer noch bremsen.

Stellen Sie Grünpflanzen wie Calla, Grünlilien oder Kakteen in der Nähe des Fernsehers auf, um die elektromagnetischen Felder zu verringern, die von der Bildröhre ausgesandt werden und Ihr Energiefeld belasten.

MÄRZ   12. Woche

Montag 20. März	火 Feuer*	金 Metall	土 Erde*
Dienstag 21. März	火 Feuer*	金 Metall	土 Erde
Mittwoch 22. März	火 Feuer*	金 Metall	金 Metall*
Donnerstag 23. März	火 Feuer*	金 Metall	金 Metall
Freitag 24. März	火 Feuer*	金 Metall	水 Wasser*
Samstag 25. März	火 Feuer*	金 Metall	水 Wasser
Sonntag 26. März	火 Feuer*	金 Metall	木 Holz*

RAUM FÜR NOTIZEN

Eine kleine Metallstatue auf dem Schreibtisch hilft Ihnen, keine Ihrer Aufgaben zu vergessen oder zu vernachlässigen. Sie können sie als Zettelhalter verwenden, dem Sie Ihre To-do-List für den nächsten Tag anvertrauen.

Vermeiden Sie synthetische Kleidung, da die Aufladung dieser Stoffe mit dem Körper-Chi kollidieren kann. Nutzen Sie den heutigen Frühlingsanfang, um Ihren Kleiderschrank zu durchforsten.

Tiere halten sich gerne auf besonders energetischen Stellen auf. Dabei sollten Menschen die Lieblingsplätze ihrer Katzen meiden. Wo sich Ihr Hund niederlässt, ist es auch für Sie energetisch gut.

Ovale Tische sind vor allem für Familien mit kleinen Kindern besonders geeignet: Die Streckung der Rund-Form verstärkt das Yin, beruhigt die Gemüter und verhilft so zu entspannten Mahlzeiten.

Als „Liebeszauber" kennt das Feng Shui den roten Liebesknoten in der südwestlichen Ecke der Wohnung. Der Knoten symbolisiert die Unendlichkeit der Liebe. Er sollte aus Wolle sein.

Muss Ihr Bett unter einer Dachschräge stehen, so können Sie die Auswirkungen dieser bedrückenden Anordnung durch Bilder, die Weite vermitteln – beispielsweise Meer- oder Bergszenen –, eindämmen.

Fällt der erste Blick nach Ihrer Haustür auf das Gästezimmer, so sind Sie einerseits weltoffen und kommunikativ, andererseits leicht empfänglich für äußere Einflüsse. Prüfen Sie, ob Sie dazu stehen können.

MÄRZ/APRIL   13. Woche

Montag **27. März**	 火 Feuer*	 金 Metall	 木 Holz
Dienstag **28. März**	 火 Feuer*	 金 Metall	 火 Feuer*
Mittwoch **29. März**	 火 Feuer*	 金 Metall	 火 Feuer
Donnerstag **30. März**	 火 Feuer*	 金 Metall	 土 Erde*
Freitag **31. März**	 火 Feuer*	 金 Metall	 土 Erde
Samstag **1. April**	 火 Feuer*	 金 Metall	 金 Metall*
Sonntag **2. April**	 火 Feuer*	 金 Metall	 金 Metall

RAUM FÜR NOTIZEN

So günstig sich Pflanzen auch auf die Atmosphäre auswirken – von Bonsaibäumchen ist abzuraten: Die Tatsache, dass sie in ihrem Wachstum gehemmt werden, erzeugt keine gute Energie.

Ist Ihr Garten durch Straßen oder Flugzeuge großem Lärm ausgesetzt, pflanzen Sie Schilf oder hohe Gräser in die Nähe des Hauses, deren Rascheln Sie gegen den unangenehmen Lärm schützt.

Steht Ihr Bett so, dass Ihr Blick nach Süden geht, wirkt das auf Sinnlichkeit und Sexualität anregend. Überlegen Sie auch, ob Engel als Symbole der Keuschheit wirklich das sind, was Sie im Schlafzimmer wollen.

Wussten Sie, dass Sie Ihr Glück durch geeignete Elemente in die Hand nehmen können? Ein Talisman in Fischform bringt allgemein Glück, ein Goldfisch hingegen zieht sogar Geld und Reichtum an.

Die Mitte jedes Zimmers sollte auf jeden Fall frei sein, damit das Chi ungehindert fließen kann. Hier ist im Bagua das Zentrum, das Tai Chi. Ein Bagua zum Heraustrennen finden Sie am Ende dieses Kalenders.

Will der Frühling einfach nicht kommen und Sie frieren noch immer? Essen Sie mehr Suppen und Eintöpfe, das bringt wärmende Yang-Energie. In einem Buch zur 5-Elemente-Küche finden Sie wärmende Gewürze.

Je kräftiger eine Farbe, desto weniger davon ist in einem Raum notwendig. Streichen Sie Ihre Wände in zarten Farben und setzen Sie mit kräftigen Farben Akzente mit Kissen oder Bildern, die Sie leicht wechseln können.

APRIL   14. Woche

Montag **3. April**	 火 Feuer*	 金 Metall	 水 Wasser*
Dienstag **4. April**	 火 Feuer*	 水 Wasser*	 水 Wasser
Mittwoch **5. April**	 火 Feuer*	 水 Wasser*	 木 Holz*
Donnerstag **6. April**	 火 Feuer*	 水 Wasser*	 木 Holz
Freitag **7. April**	 火 Feuer*	 水 Wasser*	 火 Feuer*
Samstag **8. April**	 火 Feuer*	 水 Wasser*	 火 Feuer
Sonntag **9. April**	 火 Feuer*	 水 Wasser*	 土 Erde*

RAUM FÜR NOTIZEN

So reizvoll Spiegel über dem Ehebett auch sein mögen, sollten Sie doch nach dem Feng-Shui-Prinzip darauf verzichten. In der Küche und in Ihrem Schlafzimmer sind Spiegel bis auf wenige Ausnahmen tabu.

Achten Sie darauf, dass Ihre Gartentür nicht von einem Baum verstellt wird. So wie Sie selbst dann nicht gut zu Ihrem Haus gelangen, schafft es auch die universale Energie nicht. Versetzen Sie die Gartentür.

Häuser oder Wohnungen, die über mehrere Ebenen gehen, haben in jedem Stockwerk ein eigenes Bagua, das dann in Kraft tritt, wenn Sie sich in der jeweiligen Ebene aufhalten. Hören Sie auch hier auf Ihr Gespür!

Achten Sie in Ihrer Küche darauf, dass Sie beim Kochen nicht mit dem Rücken zur Tür stehen. Wenn das nicht anders möglich ist, hängen Sie einen Spiegel so auf, dass Sie darin die Tür im Auge haben.

Nutzen Sie den heutigen Abend doch einmal dafür, durch Ihre Wohnung zu gehen und sich in jedem Raum zu fragen, ob Sie das, was sich dort befindet, wirklich haben wollen oder ob sich ein besserer Platz dafür finden ließe.

Ein gemütlicher Lehnstuhl im Nordwesten Ihrer Wohnung oder Ihres Hauses symbolisiert Erfolg und Macht. Besonders wenn Sie am Beginn Ihrer Karriere stehen, fördert eine solche Konstellation Ihren Berufsweg.

Wenn Sie nach längerer Krankheit rekonvaleszent sind, entzünden Sie in Ihrem Schlafzimmer oder in dem Raum, in dem Sie sich hauptsächlich aufhalten, grüne Kerzen. Sie beschleunigen den Heilungsprozess.

APRIL 15. Woche

Montag **10. April**	 火 Feuer*	 水 Wasser*	 土 Erde
Dienstag **11. April**	 火 Feuer*	 水 Wasser*	 金 Metall*
Mittwoch **12. April**	 火 Feuer*	 水 Wasser*	 金 Metall
Donnerstag **13. April**	 火 Feuer*	 水 Wasser*	 水 Wasser*
Freitag **14. April**	 火 Feuer*	 水 Wasser*	 水 Wasser
Samstag **15. April**	 火 Feuer*	 水 Wasser*	 木 Holz*
Sonntag **16. April**	 火 Feuer*	 水 Wasser*	 木 Holz

RAUM FÜR NOTIZEN

Schützende Symbole wie Hufeisen, Mistelzweige oder Türkränze sind in unseren Breitengraden den chinesischen Symbolen vorzuziehen. An der Eingangstür angebracht, vermitteln sie Sicherheit und Beständigkeit.

Fügen Sie dem Wasserbehälter Ihres Dampfbügeleisens ein paar Tropfen eines ätherischen Öls zu, Sie werden merken, wie wohl es tut, wenn die Wäsche nach Ihrem Lieblingsöl duftet.

Ist Ihnen Ihr Liebesleben zu langweilig, weil Ihr Partner sehr Yin und damit wenig aktiv ist, probieren Sie es mit roter Bettwäsche – oder mit einem neuen Lover. Vielleicht fällt Ihnen aber auch etwas Netteres ein?

Sind Sie kurz davor, für jemand anderen zu entflammen, weil Ihre Liebe schal geworden ist? Dekorieren Sie den Westen Ihrer Wohnung mit roten und rosa Blumen, das gibt Ihrer Beziehung frischen Schwung.

Im Kinderzimmer sollten möglichst keine wuchtigen Möbel stehen. Wenn sich das nicht vermeiden lässt, schieben Sie sie weit weg von den Kinderbetten. Achten Sie auch darauf, dass nicht zu viel herumliegt.

Querstreifen oder waagrechte Linien auf Tapeten betonen die Erd-Chi-Energie und damit die Gemütlichkeit und Geborgenheit einer Wohnung. Nutzen Sie das aus, wenn Sie in hohen Räumen leben und seelisch frieren.

Weiße Kerzen stehen für Spiritualität und Frieden und sie verbreiten eine festliche Stimmung. Lassen Sie sich vor allem zum Tagesausklang des heutigen Ostersonntags vom Licht weißer Kerzen inspirieren.

APRIL   16. Woche

Montag 17. April	 火 Feuer*	 水 Wasser*	 火 Feuer*
Dienstag 18. April	 火 Feuer*	 水 Wasser*	 火 Feuer
Mittwoch 19. April	 火 Feuer*	 水 Wasser*	 土 Erde*
Donnerstag 20. April	 火 Feuer*	 水 Wasser*	 土 Erde
Freitag 21. April	 火 Feuer*	 水 Wasser*	 金 Metall*
Samstag 22. April	 火 Feuer*	 水 Wasser*	 金 Metall
Sonntag 23. April	 火 Feuer*	 水 Wasser*	 水 Wasser*

RAUM FÜR NOTIZEN

Feiertage bringen oft auch Spannungen mit sich. Vielleicht ist die Atmosphäre zu stark Yang-geladen? Bringen Sie mit gedämpftem Licht, weicher, lockerer Kleidung und viel Obst und Gemüse mehr Yin in den Tag.	
Ebenso wie es wichtig ist, Yin und Yang harmonisch zu vereinen, verträgt das Feng Shui keine scharfen Kontraste. Es geht stets um den harmonischen Ausgleich, um Akzentverschiebungen innerhalb eines runden Ganzen.	
Binden Sie Mistelzweige an Ihren Bettpfosten, um Albträume zu verscheuchen und guten, erholsamen und tiefen Schlaf zu finden. Die Mistel ist ein mächtiger Schutz, der selbst zur Krebstherapie eingesetzt wird.	
Eine wichtige Pflanze des Feng Shui ist der Pflaumenbaum, der vorzugsweise im Norden des Gartens stehen sollte. Ein blühender Zweig in einer Glasvase verbessert auch die Energie in der Wohnung.	
Nicht nur Ihre Pflanzen üben eine Wirkung auf das Chi aus, sondern natürlich auch die Vasen und Blumentöpfe. Achten Sie darauf, dass Töpfe und Pflanzen einander unterstützen, und reinigen Sie Übertöpfe regelmäßig.	
Ovale Teppiche repräsentieren das Ei, den Ursprung des Lebens, und wirken sich auf alle Räume positiv aus, in denen sie als Zentrum liegen. Achten Sie darauf, sie regelmäßig zu reinigen.	
Elektromagnetische Felder entstehen nicht nur durch die Stand-by-Funktion, sondern auch, wenn das Gerät mit dem Stromnetz verbunden ist. Ziehen Sie deshalb immer den Stecker selten benutzter Geräte heraus.	

APRIL   17. Woche

Montag **24. April**	 火 Feuer*	 水 Wasser*	 水 Wasser
Dienstag **25. April**	 火 Feuer*	 水 Wasser*	 木 Holz*
Mittwoch **26. April**	 火 Feuer*	 水 Wasser*	 木 Holz
Donnerstag **27. April**	 火 Feuer*	 水 Wasser*	 火 Feuer*
Freitag **28. April**	 火 Feuer*	 水 Wasser*	 火 Feuer
Samstag **29. April**	 火 Feuer*	 水 Wasser*	 土 Erde*
Sonntag **30. April**	 火 Feuer*	 水 Wasser*	 土 Erde

RAUM FÜR NOTIZEN

Wenn Sie gerade am Beginn Ihres Berufslebens stehen, dann stellen Sie Ihren Schreibtisch so, dass Sie nach Osten sehen, diese Position begünstigt positive Anfänge und schnelles Wachstum.

Meersalz ist von allen Lebensmitteln am meisten Yang und zieht reinigendes, stabilisierendes Chi an. Verwenden Sie es also bewusst zur Reinigung des Raumes oder Ihres Körper-Chi in einer Salzdusche.

Der beste Platz zum Schlafen ist jener, wo Ihr Rücken durch eine feste Wand geschützt ist und Sie Fenster und Türen überblicken können. Wo das nicht geht, müssen Sie selbst für das Gefühl der Sicherheit sorgen.

Stoffe verlangsamen das Chi und sind damit für Räume, in denen man Entspannung und Erholung sucht, wie das Schlaf- oder das Wohnzimmer, sehr zu empfehlen. Hier können sie auch als Raumteiler Akzente setzen.

Auch bei kleinen Appartements sollte die Eingangstür nicht direkt in Ihr Schlafzimmer führen, da es dann zu einer negativen Raumstruktur kommt. Schließlich steht Ihr Schlafzimmer für Intimität und Privatsphäre.

Anregende Farben wie Knallrot und Gelb bei Ihrem Sportdress verhelfen Ihnen zu mehr Power und Ausdauer beim Sport. Sie haben noch einen Vorteil: Sie werden in der Dämmerung von Autofahrern besser gesehen.

Haben Sie zu wenig Selbstbewusstsein, probieren Sie es mit einer Schale Wasser im Osten, um die Chi-Energie zu mobilisieren. Und achten Sie auf Metall in Ihrem Energiefeld, etwa als Schmuck.

MAI   18. Woche

Montag **1. Mai**	 火 Feuer*	 水 Wasser*	 金 Metall*
Dienstag **2. Mai**	 火 Feuer*	 水 Wasser*	 金 Metall
Mittwoch **3. Mai**	 火 Feuer*	 水 Wasser*	 水 Wasser*
Donnerstag **4. Mai**	 火 Feuer*	 水 Wasser*	 水 Wasser
Freitag **5. Mai**	 火 Feuer*	 水 Wasser	 木 Holz*
Samstag **6. Mai**	 火 Feuer*	 水 Wasser	 木 Holz
Sonntag **7. Mai**	 火 Feuer*	 水 Wasser	 火 Feuer*

RAUM FÜR NOTIZEN

Gegen Intrigen und Bürotratsch hilft ein cremefarbener Blumenstock auf Ihrem Schreibtisch, der nördliche Chi-Energie verstärkt. Sitzen Sie mit dem Rücken zu den Kollegen, stellen Sie eine Glaskugel auf Ihren Tisch.

Achten Sie darauf, dass möglichst viel Sonne in Ihre Räume scheinen kann, das ist der beste Garant gegen eine Chi-Stagnation. Wenn Sie an einem stressigen Tag mehr Yin-Einfluss brauchen, öffnen Sie die Vorhänge.

Lederaccessoires und Metallschmuck verleihen Ihnen auch in Ihrer Partnerschaft mehr Yang und damit mehr Macht. Sollte Ihr Partner in letzter Zeit gereizt auf Ihre Vorschläge reagieren, so könnte es daran liegen.

Wenn Sie sich ein Grundstück kaufen, sollten Sie immer darauf achten, dass sich darauf kein Wasserlauf hinter dem Haus befindet. Diese Position ist äußerst ungünstig – sie steht für verpasste Gelegenheiten.

Als Symbol für innere und äußere Harmonie gilt das Bagua, das das Haus oder die Wohnung in neun gleichwertige Felder teilt. Das mittlere Feld ist das Zentrum, das Tai Chi. Hier sollten keine schweren Möbel stehen.

Herrscht bei Ihnen schlechte Stimmung im Büro? Stellen Sie auf Ihrem Schreibtisch eine Kristallkugel auf, sie baut Spannungen zwischen den Mitarbeitern ab, die in einem Raum arbeiten.

Ein ganz einfaches Mittel kann quengelige und unruhige Kinder beim Spielen beruhigen: Öffnen Sie einfach das Kinderzimmerfenster für einige Minuten und lassen Sie viel frische Luft herein!

MAI   19. Woche

Montag
8 Mai

 火 Feuer*
 水 Wasser
 火 Feuer

Dienstag
9. Mai

 火 Feuer*
 水 Wasser
 土 Erde*

Mittwoch
10. Mai

 火 Feuer*
 水 Wasser
 土 Erde

Donnerstag
11. Mai

 火 Feuer*
 水 Wasser
 金 Metall*

Freitag
12. Mai

 火 Feuer*
 水 Wasser
 金 Metall

Samstag
13. Mai

 火 Feuer*
 水 Wasser
 水 Wasser*

Sonntag
14. Mai

 火 Feuer*
 水 Wasser
 水 Wasser

RAUM FÜR NOTIZEN

Ein langer Flur erzeugt leicht zu schnellen Chi-Fluss. Er kann durch wechselseitig versetzte Spiegel harmonisch verlangsamt werden, wenn Sie ihn nicht mit Pflanzen oder Mobiles unterbrechen können.

Zackenmuster machen aktiver und extravertierter und sind damit für Wohnzimmer und Arbeitszimmer gut, für Ruheräume allerdings gar nicht geeignet. Hängen Sie vielleicht eine sternförmige Lampe auf.

Die Verbesserung Ihrer Atemtechnik kann Ihr Körper-Chi entscheidend beeinflussen. Besonders wenn Sie an Atemwegserkrankungen leiden, fragen Sie Ihren Arzt nach einer Atemschule!

Wieder zu spät ins Büro gekommen? Unpünktlichkeit hängt oft mit Unordnung auf dem Schreibtisch zusammen. Gewöhnen Sie sich an, ihn abends wirklich aufzuräumen. Sie machen sich selbst damit die größte Freude.

Wenn Sie Existenzängste plagen, stellen Sie im Osten Ihres Hauses ein Wasserobjekt auf, das Ihr Vertrauen in Ihre Fähigkeiten, Wohlstand zu erreichen und zu halten, fördert. Bitte oft das Wasser wechseln!

Haben Sie das Gefühl, zu sehr in der Vergangenheit zu leben, dann vermeiden Sie allzu viel Metall und Glas in Ihren Räumen. Am heutigen Vollmond im Skorpion ist ein guter Tag, um hier anzusetzen und aufzuräumen.

Überkommt Sie immer noch die Frühjahrsmüdigkeit und fühlen Sie sich lethargisch, dann achten Sie darauf, dass Sie mit dem Kopf nach Osten schlafen, dann werden Sie tagsüber aktiver.

MAI 20. Woche

Montag **15. Mai**	 火 Feuer*	 水 Wasser	 木 Holz*
Dienstag **16. Mai**	 火 Feuer*	 水 Wasser	 木 Holz
Mittwoch **17. Mai**	 火 Feuer*	 水 Wasser	 火 Feuer*
Donnerstag **18. Mai**	 火 Feuer*	 水 Wasser	 火 Feuer
Freitag **19. Mai**	 火 Feuer*	 水 Wasser	 土 Erde*
Samstag **20. Mai**	 火 Feuer*	 水 Wasser	 土 Erde
Sonntag **21. Mai**	 火 Feuer*	 水 Wasser	 金 Metall*

RAUM FÜR NOTIZEN

Vermeiden Sie, dass Herd und Spüle nebeneinander stehen. Feuer und Wasser in zu großer Nähe fördern negative Energien. Wenn es sich nicht vermeiden lässt, schieben Sie eine erdende Holzwand dazwischen.	
Das Symbol der Schildkröte steht für Langlebigkeit – setzen Sie eine Schildkröte aus Stein auf einen Kraftplatz in Ihrer Wohnung, sofern Sie nicht lebende Schildkröten halten möchten.	
Im Kinderzimmer fördert ein Bodenbelag aus Holz jene Energie, die für Wachstum und Aufbruch steht. Auch sonst sollten Sie darauf achten, sich mit möglichst viel echtem Holz zu umgeben.	
Legen Sie besonderen Wert auf Sex? Und stehen Sie auch dazu? Dann machen Sie den Raum zum Schlafzimmer, auf dessen Tür der Blick beim Eintreten in die Wohnung als Erstes fällt, oder schmücken Sie dessen Tür.	
Kaputte Elektrogegenstände – selbst ausgebrannte Glühbirnen – können die Atmosphäre negativ beeinflussen. Prüfen Sie in regelmäßigen Abständen, ob alle Geräte und alle Lampen in Ordnung sind!	
Ihr Gespür für Gelddinge können Sie mit Yang-Verstärkung auf die Sprünge helfen. Die Farben Gold und Silber und eine mit Münzen gefüllte Metallschale stärken die westliche Energie – besonders in der Geldecke.	
Ihre Kinder nerven? Raus ins Freie mit ihnen! Mehr Getreide, Gemüse und Fisch geben Ihren Stubenhockern mehr Yang und machen sie aktiver. Wie wäre es mit einem Grillfest mit Fisch und Gemüsespießen?	

MAI   21. Woche

Montag **22. Mai**	火 Feuer*	水 Wasser	金 Metall
Dienstag **23. Mai**	火 Feuer*	水 Wasser	水 Wasser*
Mittwoch **24. Mai**	火 Feuer*	水 Wasser	水 Wasser
Donnerstag **25. Mai**	火 Feuer*	水 Wasser	木 Holz*
Freitag **26. Mai**	火 Feuer*	水 Wasser	木 Holz
Samstag **27. Mai**	火 Feuer*	水 Wasser	火 Feuer*
Sonntag **28. Mai**	火 Feuer*	水 Wasser	火 Feuer

RAUM FÜR NOTIZEN

Lassen Sie in Ihrer Diele möglichst wenig Schuhe herumstehen, das lenkt den Chi-Fluss ab. Auch sonst sollten Sie hier für eine aufgeräumte Umgebung sorgen. Schließlich ist sie meist im Karrierebereich des Hauses.	
Scharfe Ecken wirken aggressiv und können das Chi empfindlich stören. Entweder verdecken Sie diese störenden Ecken oder Sie entschärfen sie mit Hilfsmitteln wie Pflanzen oder Klangspielen, die die Ecke verdecken.	
Schlechte Stimmung zwischen Ihrem Chef und Ihnen kann durch zu schnelles Chi entstehen. Beruhigen Sie die Energie mit einem buschigen Blumenstock vor Ihrem Schreibtisch – oder auf dem Ihres Chefs.	
Wollen Sie Ihr Haus verkaufen, räumen Sie es möglichst leer, denn nur so kann die Chi-Energie ungehindert fließen, was den potenziellen Käufer anspricht. Vermutlich möchte er nicht Ihre Vergangenheit kaufen.	
Zentrifugalventilatoren saugen verschmutzte Luft an und transportieren sie nach draußen. Wägen Sie allerdings ab, ob das Geräusch dieser Geräte für Sie gut zu vertragen ist. Schließlich geht es um Ihr Wohlbefinden.	
Lernen Sie immer den falschen Partner kennen? Stärken Sie die Partnerschaftszone Ihrer Wohnung, indem Sie diesen Bereich einmal so richtig gründlich aufräumen und entrümpeln.	
Fühlen Sie sich nervös und reizbar? Hängen Sie einen Kristall im Norden der Wohnung auf, um die günstige Energie des Nordens zu verstärken. Erden Sie sich auch selbst – durch Atmen oder einen flotten Spaziergang.	

MAI/JUNI   22. Woche

Montag
29. Mai

火 Feuer*

水 Wasser

土 Erde*

Dienstag
30. Mai

火 Feuer*

水 Wasser

土 Erde

Mittwoch
31. Mai

火 Feuer*

水 Wasser

金 Metall*

Donnerstag
1. Juni

火 Feuer*

水 Wasser

金 Metall

Freitag
2. Juni

火 Feuer*

水 Wasser

水 Wasser*

Samstag
3. Juni

火 Feuer*

水 Wasser

水 Wasser

Sonntag
4. Juni

火 Feuer*

水 Wasser

木 Holz*

RAUM FÜR NOTIZEN

Die Türen zu den Nassräumen können durch einen Spiegel außen oder innen verstärkt werden und so den störenden Einfluss des verschmutzten Wassers von Ihrem Wohnbereich fern halten.

Lassen Sie Ihre Reinigungsutensilien nicht herumstehen, sondern sperren Sie sie in eine Abstellkammer. Besonders im Esszimmer sind Besen und Staubsauger tabu; sie stehen dafür, dass Geld aus dem Haus gefegt wird.

Wenn Sie oft den Eindruck haben, Chancen zu verpassen, fehlt Ihnen die Chi-Energie des Nordostens. Steine im Haus, die auch ein Symbol für Erdung sind, und die Farbe Weiß stärken dieses Element.

Für Bewohner von Maisonetten und Häusern ist der folgende Tipp: Betten oberhalb der Küche oder gar des Esstisches sind ungünstig und bringen Unglück. Auf keinen Fall soll das Bett oberhalb des Herdes stehen.

Blühende Pflanzen erhöhen die Energie im Raum. Es ist kein Luxus, sich möglichst oft frische, blühende Blumen zu gönnen. Geben Sie ihnen oft frisches Wasser und entfernen Sie sie, sobald sie verblüht sind.

Liegt Ihr Grundstück am Wasser und wird davon „umarmt", das heißt, der Wasserlauf umschließt das Land, wirkt sich das positiv aus. Schlecht ist es, wenn das Wasser vom Grundstück „wegfließt".

Gestalten Sie diesen Pfingstsonntag möglichst stressfrei für Sie und Ihre Familie. Ein siebengängiges Menü ersetzt nicht ein gutes Gespräch in angenehmer Atmosphäre. Auch Musik hat dabei einen ganz wichtigen Platz.

JUNI   23. Woche

Montag
5. Juni

 火 Feuer*
 木 Holz*
 木 Holz*

Dienstag
6. Juni

 火 Feuer*
 木 Holz*
 火 Feuer*

Mittwoch
7. Juni

 火 Feuer*
 木 Holz*
 火 Feuer

Donnerstag
8. Juni

 火 Feuer*
 木 Holz*
 土 Erde*

Freitag
9. Juni

 火 Feuer*
 木 Holz*
 土 Erde

Samstag
10. Juni

 火 Feuer*
 木 Holz*
 金 Metall*

Sonntag
11. Juni

 火 Feuer*
 木 Holz*
 金 Metall

RAUM FÜR NOTIZEN

Rollos sind mehr Yang als Vorhänge und eignen sich vorzüglich, um bei kleinen Zimmern Chi-Stagnationen zu vermeiden. Tanken Sie selbst heute am Feiertag auch etwas Yang, indem Sie in der Sonne spazieren gehen.	
Chrysanthemen im Garten oder im Topf verhelfen ihren Pflegern zu einem langen, sorgenfreien Leben. Sollten Sie aber Chrysanthemen nur mit „Grab" verbinden, pflanzen Sie lieber etwas anderes in Ihren Garten.	
Liegt Ihr Kinderzimmer im Partnerschaftsbereich des Bagua, kann es sein, dass Sie Ihr Kind Ihrem Lebenspartner zu sehr vorziehen. Wirken Sie dem entgegen und schaffen Sie für Ihre Liebe ganz bewusst Freiräume!	
Ermüden Sie leicht an Ihrem Arbeitsplatz? Vielleicht liegt das Zimmer im Norden und der Mangel an Sonnenlicht lähmt Ihre Kreativität. Oder die Richtung, in die Ihr Schreibtisch zeigt, ist für Sie ungünstig.	
Raucher leiden oft unter Stress und Anspannung – darum rauchen sie ja, wie sie selbst sagen. Mehr Yin bringt Entspannung ins Leben und damit eine gute Ausgangsposition, um mit dem Rauchen aufzuhören.	
Liegt Ihr Haustor gegenüber einer Straßenmündung, so können Sie das Chi mit einer Hecke vor der Tür bändigen. Wenn Sie mehr Platz haben, stellen Sie hier den klassischen Springbrunnen auf.	
Ersetzen Sie nach und nach möglichst viele künstliche Materialien in Ihrem Lebensraum durch natürliche. Und fragen Sie sich, ehe Sie etwas nachkaufen, ob Sie ein Stück wirklich verwenden und benötigen.	

JUNI　　　　　　　　　　　　　　24. Woche

Montag 12. Juni	 火 Feuer*	 木 Holz*	 水 Wasser*
Dienstag 13. Juni	 火 Feuer*	 木 Holz*	 水 Wasser
Mittwoch 14. Juni	 火 Feuer*	 木 Holz*	 木 Holz*
Donnerstag 15. Juni	 火 Feuer*	 木 Holz*	 木 Holz
Freitag 16. Juni	 火 Feuer*	 木 Holz*	 火 Feuer*
Samstag 17. Juni	 火 Feuer*	 木 Holz*	 火 Feuer
Sonntag 18. Juni	 火 Feuer*	 木 Holz*	 土 Erde*

RAUM FÜR NOTIZEN

Steht Ihr Herd in der Nähe der Hintertür, die in den Garten führt, besteht die Gefahr, dass Ihr Wohlstand „aus dem Haus geblasen" wird. Ein Perlvorhang vor der Tür reicht, um die Energie nicht entweichen zu lassen.

Mikrowellenherde sind nach den Regeln des Feng Shui absolut tabu, da durch die hochfrequente Bestrahlung das Chi der Speisen vollständig verändert wird. Kochen Sie stattdessen lieber mit dem Wok!

Swimming-Pools auf dem Dach sind das Symbol für aus dem Haus fließenden Reichtum – oder für eine drohende Überschwemmung. Gehen Sie lieber ins Freibad, das wirkt sich weniger schädlich auf Ihr Leben aus.

Hatten Sie wieder eine ruhelose Nacht, so achten Sie darauf, Ihre Schlafzimmertür gut zu schließen – so wird der Chi-Fluss beruhigt und Sie können besser schlafen und wachen ausgeruhter auf.

Wenn Sie eine neue Wohnung beziehen, bringen Sie auf dem Herd einen großen Topf mit Wasser zum Kochen. Das bringt den Chi-Fluss in Bewegung. „Erst mal eine Tasse Tee" hat auch im Feng Shui seinen Sinn.

Um ein Gartenfest gemütlich zu gestalten, lassen Sie die Gäste an einem runden oder ovalen Tisch essen. Es ergeben sich viel weichere Winkel und die Energien der Einzelnen prallen weniger frontal aufeinander.

Die Chi-Lebensenergie umgibt uns ständig. Wir nehmen sie mit dem Essen und der Atemluft zu uns, sie ist immer in und um uns. Durch das Feng Shui bringen Sie Chi in einen positiven Fluss.

JUNI 25. Woche

Montag **19. Juni**	 火 Feuer*	 木 Holz*	 土 Erde
Dienstag **20. Juni**	 火 Feuer*	 木 Holz*	 金 Metall*
Mittwoch **21. Juni**	 火 Feuer*	 木 Holz*	 金 Metall
Donnerstag **22. Juni**	 火 Feuer*	 木 Holz*	 水 Wasser*
Freitag **23. Juni**	 火 Feuer*	 木 Holz*	 水 Wasser
Samstag **24. Juni**	 火 Feuer*	 木 Holz*	 木 Holz*
Sonntag **25. Juni**	 火 Feuer*	 木 Holz*	 木 Holz

RAUM FÜR NOTIZEN

Ein Schlafzimmer am Ende eines langen Flurs begünstigt Albträume. Das Chi rast unter Umständen direkt auf Ihr Schlafzimmer zu. Entschärfen Sie die Situation mit einem Gummibaum vor Ihrem Bett.

Antiquitäten haben im Kinderzimmer nichts zu suchen. Das reine, unverbrauchte Wesen der Kinder könnte durch die Geschichte dieser alten Möbel zu sehr belastet werden. Sie sind dafür nämlich sehr empfänglich.

Firmenlogos sollten immer nach Feng-Shui-Kriterien entworfen und umgesetzt werden. Ein im Feng-Shui-Sinn negatives Logo kann eine Firma in den Ruin treiben. Fragen Sie also nach der Ausbildung Ihres Grafikers.

Läuft Ihr Geschäft nicht so richtig? Bringen Sie eine Glocke an der Eingangstür zu Ihrem Laden an, die erklingt, sobald jemand das Geschäft betritt. Jeder Eintretende wird Ihnen zu Glück und Reichtum verhelfen.

Fühlen Sie sich auf Ihrem gemütlichen Sofa einfach nicht wohl? Drapieren Sie ein paar karierte Sofakissen und Decken in warmen Erdfarben darauf – auch das Muster vermittelt Sicherheit und erdet.

Jetzt gibt es auf den Märkten überall heimisches Obst. Das ist nicht nur gesund, sondern auch ganz wunderbar für die ganze Familie, denn Obst bringt Yin-Energie und fördert die Zufriedenheit.

Baumstümpfe sollten ebenso wie abgestorbene Blätter rasch aus dem Garten entfernt werden, da sie mit ihrem starken Yin-Einfluss den Fluss des Chi stören. Und wo liegen in Ihrer Wohnung „abgestorbene Blätter"?

JUNI/JULI 26. Woche

Montag **26. Juni**	火 Feuer*	木 Holz*	火 Feuer*
Dienstag **27. Juni**	火 Feuer*	木 Holz*	火 Feuer
Mittwoch **28. Juni**	火 Feuer*	木 Holz*	土 Erde*
Donnerstag **29. Juni**	火 Feuer*	木 Holz*	土 Erde
Freitag **30. Juni**	火 Feuer*	木 Holz*	金 Metall*
Samstag **1. Juli**	火 Feuer*	木 Holz*	金 Metall
Sonntag **2. Juli**	火 Feuer*	木 Holz*	水 Wasser*

RAUM FÜR NOTIZEN

Einen besitzergreifenden Partner können Sie unter anderem auch mittels Rohkost, Obst und leichten Speisen ein wenig entschärfen. Scharfe, stark gewürzte Speisen könnten das Problem dagegen eher verstärken.

Ein Sofa sollte immer an einer fensterlosen Wand stehen, niemals frei im Raum. Denken Sie an das Bild des Ohrensessels (Seite 11)! Steht das Sofa vor einem Fenster, so fehlt ihm der sichere Schutz für Ihren Rücken.

Frei stehende Kochutensilien mögen hübsch sein, hindern aber den Chi-Fluss. Trachten Sie danach, für alle Geräte Stauraum zu haben. Das macht sich auch darin bemerkbar, dass Sie sich beim Kochen leichter tun.

Beschlagene Fenster oder Dampf in Küche oder Badezimmer können einen Chi-Stau hervorrufen. Besonders in diesen Räumen ist häufiges Lüften unerlässlich. Das sagt aber auch der gesunde Menschenverstand.

Reisezeit: Eine Person, die eine schwere Last am Rücken trägt, gilt vor Reisen als Unglücksbote. Zugegeben, es wird schwer sein, am Flughafen oder am Bahnhof diesem Omen auszuweichen.

Ein wichtiges Merkmal des Wasser-Chi ist die Kommunikationsfähigkeit. Arbeiten Sie im Kommunikationsbereich, so sollte Ihr Schreibtisch daher im Norden des Zentrums positioniert sein.

Tauschen Sie den alten Kunststoffbezug Ihres Lieblingssessels gegen einen Bezug aus reiner Baumwolle aus – Sie werden erstaunt sein, um wie viel wohler und entspannter Sie sich gleich fühlen werden.

JULI   27. Woche

Montag 3. Juli	火 Feuer*	木 Holz*	水 Wasser
Dienstag 4. Juli	火 Feuer*	木 Holz*	木 Holz*
Mittwoch 5. Juli	火 Feuer*	木 Holz*	木 Holz
Donnerstag 6. Juli	火 Feuer*	木 Holz*	火 Feuer*
Freitag 7. Juli	火 Feuer*	木 Holz	火 Feuer
Samstag 8. Juli	火 Feuer*	木 Holz	土 Erde*
Sonntag 9. Juli	火 Feuer*	木 Holz	土 Erde

RAUM FÜR NOTIZEN

Türen sollten prinzipiell nach innen geöffnet werden, um den Chi-Fluss beim Betreten eines Raumes in diesen hineinzulenken. Ausnahmen bilden fast nur Bad und Toilette – hier geht meist viel Energie verloren.	
Gelegentlich wird von Feng-Shui-Experten ein Goldfischglas als Energieverstärker empfohlen – ohne Filter und Luftzufuhr. Das mag zwar Ihr Chi verbessen, das der Fische jedoch nicht. Wechseln Sie oft das Wasser.	
Haben Sie das Gefühl, die Familie lebt sich auseinander? Verstärken Sie die südwestliche Chi-Energie mit gelben Blumen in einem Terrakottabehälter. In der Familienecke Ihrer Wohnung aufgestellt, hilft er sicher.	
Eine Diele, in der es hallt, wirkt wenig einladend. Achten Sie darauf, dass auch das Entree zu Ihrer Wohnung mit Tapeten und Teppichen gedämpft wird. Sie sollten sie oft reinigen – auch von fremden Energien.	
Das Feng Shui verwendet Totems. Für das Badezimmer bieten sich hier Figuren und Symbole aus dem Bereich Wasser und Strand an: Seesterne, Delfine, Schildkröten, aber auch Muscheln und Schneckenhäuser.	
Hat ein Zimmer mehr als zwei Türen, halten Sie einige immer geschlossen, damit das Chi nicht zu planlos zirkulieren kann. Wenn das nicht möglich ist, schirmen Sie sie durch Pflanzen oder Raumteiler ab.	
Bevor das Kindersommerfest völlig entgleist, servieren Sie den kleinen aufgekratzten Gästen süße, Yin-betonte Trauben oder Rosinen, das beruhigt sie ein wenig und schädigt ihre Zähne nicht.	

JULI 28. Woche

Montag 10. Juli	 火 Feuer*	 木 Holz	 金 Metall*
Dienstag 11. Juli	 火 Feuer*	 木 Holz	 金 Metall
Mittwoch 12. Juli	 火 Feuer*	 木 Holz	 水 Wasser*
Donnerstag 13. Juli	 火 Feuer*	 木 Holz	 水 Wasser
Freitag 14. Juli	 火 Feuer*	 木 Holz	 木 Holz*
Samstag 15. Juli	 火 Feuer*	 木 Holz	 木 Holz
Sonntag 16. Juli	 火 Feuer*	 木 Holz	 火 Feuer*

RAUM FÜR NOTIZEN

Eine gerade Zufahrt zu Ihrem Haus ist gleichbedeutend mit einem energetisch schädigenden Giftpfeil. Jedes Chi kommt ungebremst auf Ihr Haus zu. Steuern Sie mit einem Brunnen oder einer Hecke dagegen.

Lampenschirme aus Stoff oder Papier schaffen behagliche Yin-Atmosphäre und sanftes Licht. Das gilt auch für Lampen im Freien – allerdings sollten Sie hier darauf achten, dass sie nicht zu brennen anfangen.

Hüten Sie sich davor, rechts vor der Haustür einen Teich anzulegen – diese Konstellation kann zwar den Reichtum im Haus fördern, allerdings auch die Untreue des Mannes, der im betroffenen Haus lebt ...

Dunkle Ecken können gut mit Spots ausgeleuchtet werden, damit das Chi hier nicht stagniert. Zusätzlich kann auch mit glatten Metallobjekten in den Ecken das Chi beschleunigt werden.

Wenn Sie Deckenbalken mit Stoffen oder Teppichen abgehängt haben, sollten Sie daran denken, diese regelmäßig zu waschen oder zu saugen – Sie werden sich wundern, wie sehr sich das lohnt!

Bedenken Sie, dass Sofa und Stühle niemals in direkter Linie zu einer Tür stehen sollten. Der rasche Chi-Fluss, der durch die Tür kommt, verhindert Gemütlichkeit und Wohlfühlen!

Schöne Musik – am besten selbst gesungen – erhöht die Raumschwingung und sollte in keinem Wohnzimmer fehlen. Planen Sie doch sonntags wieder einmal ein paar Stunden Hausmusik ein!

JULI   29. Woche

Montag **17. Juli**	 火 Feuer*	 木 Holz	 火 Feuer
Dienstag **18. Juli**	 火 Feuer*	 木 Holz	 土 Erde*
Mittwoch **19. Juli**	 火 Feuer*	 木 Holz	 土 Erde
Donnerstag **20. Juli**	 火 Feuer*	 木 Holz	 金 Metall*
Freitag **21. Juli**	 火 Feuer*	 木 Holz	 金 Metall
Samstag **22. Juli**	 火 Feuer*	 木 Holz	 水 Wasser*
Sonntag **23. Juli**	 火 Feuer*	 木 Holz	 水 Wasser

RAUM FÜR NOTIZEN

Sie wollen bei einem Essen einen langen Streit mit einem früheren Freund begraben? Setzen Sie sich nicht gegenüber, sondern im stumpfen Winkel zu ihm, dann wird die Sache eher mit einer Versöhnung enden.

Falls Sie unter Schlafstörungen leiden, ist möglicherweise die Position Ihres Bettes dafür verantwortlich. Versuchen Sie, das Kopfende nach Norden zu drehen. Es sollte dabei immer an einer Wand stehen.

Achten Sie darauf, dass Ihr offener Kamin nicht ausgerechnet in Ihrem Partnerschafts-Bagua liegt. Diese Anordnung kann sich sehr negativ auf Ihre Beziehung auswirken und Streit und Disharmonie verursachen.

Ein quadratischer Esstisch ist günstig für schnelle Mahlzeiten – in Fast-Food-Restaurants wird diese Form bevorzugt. Für ein gemütliches Essen zu Hause ist ein ovaler oder runder Tisch vorzuziehen.

Ein schlecht beleuchteter Abstellraum kann zu schädlichen Energiestaus führen. Sorgen Sie aber nicht nur für eine gute Lampe, sondern räumen Sie ihn auch regelmäßig auf. Nicht benötigte Dinge lassen Chi stagnieren.

Breite, rechteckige Fenster repräsentieren die Erdenergie, die für Ruhe und Stabilität steht. Wenn Sie selbst das Gefühl brauchen, angekommen zu sein, wäre eine Wohnung mit solchen Fenstern für Sie ideal.

Alle Disharmonien, egal ob in Ihrer Partnerschaft, Ihrem Beruf, Ihrem Seelenleben, Ihrer Familie oder in Ihrem Wohnbereich, sind auf ein gestörtes Yin-Yang-Gleichgewicht in Ihrem Lebensbereich zurückzuführen.

JULI   30. Woche

Montag **24. Juli**	火 Feuer*	木 Holz	木 Holz*
Dienstag **25. Juli**	火 Feuer*	木 Holz	木 Holz
Mittwoch **26. Juli**	火 Feuer*	木 Holz	火 Feuer*
Donnerstag **27. Juli**	火 Feuer*	木 Holz	火 Feuer
Freitag **28. Juli**	火 Feuer*	木 Holz	土 Erde*
Samstag **29. Juli**	火 Feuer*	木 Holz	土 Erde
Sonntag **30. Juli**	火 Feuer*	木 Holz	金 Metall*

RAUM FÜR NOTIZEN

Haben Sie mit Eifersucht ein Problem, dann stellen Sie im Südwesten Ihres Hauses eine Schale mit Meersalz auf, um den Fluss der Erd-Chi-Energie zu stabilisieren und mit Ihrer Eifersucht besser umzugehen.

Auch wenn Sie angeräumte Regale noch so sehr lieben – im Schlafzimmer sollte wirklich nur das Nötigste stehen. Entrümpeln Sie immer wieder besonders ein kleines, enges Schlafzimmer.

Eine positive Einstellung kann vieles verändern – zum Beispiel die Stimmung im Haus oder der Nachbarschaft. Bringen Sie Licht dorthin, wo zu viel Dunkel herrscht – das muss nicht immer in Form einer Kerze sein.

Sitzen Sie am Esstisch eigentlich richtig? Der Hausvorstand – wer immer das ist – sollte im Nordwesten sitzen und nach Südosten schauen, der Partner im Südwesten mit Blick nach Nordosten.

Egal, wie eng die Wohnung ist: Der Arbeitsbereich darf nie im Schlafzimmer sein, denn da würde ein stark Yang-betontes Feld mit einem Yin-Raum kollidieren. Sorgen Sie zumindest für deutliche Abteilungen!

Haustiere erhöhen das Niveau der Yang-Energie in Ihrem Wohnbereich. Kinder, die mit Haustieren spielen, verstärken diese Wirkung noch um einiges. Achten Sie jedoch darauf, die Käfige stets sauber zu halten.

Ein Fischteich im Garten hat die positivste Auswirkung, wenn er die Form einer Acht hat. Das macht sich sowohl für die Fische bemerkbar, als auch durch die positiven Energie, die um ihn herumfließt.

JULI/AUGUST   31. Woche

Montag
31. Juli

火 Feuer*

木 Holz

金 Metall

Dienstag
1. August

火 Feuer*

木 Holz

水 Wasser*

Mittwoch
2. August

火 Feuer*

木 Holz

水 Wasser

Donnerstag
3. August

火 Feuer*

木 Holz

木 Holz*

Freitag
4. August

火 Feuer*

木 Holz

木 Holz

Samstag
5. August

火 Feuer*

木 Holz

火 Feuer*

Sonntag
6. August

火 Feuer*

木 Holz

火 Feuer

RAUM FÜR NOTIZEN

Sie würden gerne selbstbewusster mit Konflikten umgehen? Verstärken Sie das Yang an Ihrem Arbeitsplatz mit bunten Farbtupfen. Vielleicht könnten Sie die Sache mit Leder und Metallschmuck hier gezielt einsetzen.

Führt eine Wendeltreppe durch Ihr Karriere-Bagua, so kann das Ihre Jobchancen negativ beeinflussen. Hängen Sie einen Kristall an die Decke über der Treppe und leuchten Sie sie mit Spots gut aus.

Keller und Vorratsräume sollte man behandeln wie jeden anderen Raum der Wohnung auch. Das beginnt beim regelmäßigen Lüften, Aufräumen und Entrümpeln und endet bei gutem Licht.

Wenn Sie Probleme mit Ihren Gelenken haben, können Sie diese verbessern, indem Sie die Holz-Energie in Ihrer Wohnung durch viel Holz, Baumwolle, Kerzen und blattreiche Pflanzen verstärken.

Ein Regal über dem Schreibtisch, dessen Ecke genau auf die Stirn des Arbeitenden zeigt, ist ein gefährlicher Giftpfeil und besonders in Kinderzimmern zu entschärfen. Allerdings ist ein solches Regal wohl eher selten.

Achten Sie einmal auf die Farben in Ihrem Partnerschaftsbagua. Hier sollten Weiß, Rosa oder Rot überwiegen. Wenn Sie sie nicht mögen, pflanzen Sie sie in die entsprechende Ecke Ihres Gartens.

Wenn Sie schwanger werden wollen, empfiehlt es sich, das Bett im Norden des Hauses zu platzieren, da diese Position die Empfängnis fördert. Ins Schlafzimmer gehören nun auch Symbole, die das Kind begrüßen.

AUGUST   32. Woche

Montag **7. August**	 火 Feuer*	 火 Feuer*	 土 Erde*
Dienstag **8. August**	 火 Feuer*	 火 Feuer*	 土 Erde
Mittwoch **9. August**	 火 Feuer*	 火 Feuer*	 金 Metall*
Donnerstag **10. August**	 火 Feuer*	 火 Feuer*	 金 Metall
Freitag **11. August**	 火 Feuer*	 火 Feuer*	 水 Wasser*
Samstag **12. August**	 火 Feuer*	 火 Feuer*	 水 Wasser
Sonntag **13. August**	 火 Feuer*	 火 Feuer*	 木 Holz*

RAUM FÜR NOTIZEN

Haben Sie Probleme damit, Arbeit an Ihre Mitarbeiter abzugeben, stellen Sie im Osten Ihres Büros eine Grünlilie auf, um die östliche Energie zu dämpfen, die Ihnen das Delegieren erschwert.

Stark Yang-haltige Lebensmittel können Sie krank machen: Auch beim Essen ist die Harmonie sehr wichtig! Haben Sie bereits ein Kochbuch der chinesischen Fünf-Elemente-Küche? Sie wird Ihnen erstaunlich gut tun.

Ein Bett aus metallfrei verarbeitetem Holz verhilft Ihnen zu ruhigem, erholsamem Schlaf. Wenn Sie bedenken, dass Sie ein Drittel Ihres Lebens darin verbringen, sollte Ihnen das die Investition wert sein.

Glaskugeln können für Sie negative Energie auffangen. Reinigen Sie sie unter fließendem Wasser, um sie von der unangenehmen Energie zu befreien. Staubwischen allein reicht hier nicht aus.

Stellen Sie im Badezimmer Glasschalen mit Meersalz auf, damit die Erd- und Wasserkräfte in diesem problematischen Raum ausgeglichen werden. Sorgen Sie in einem dunklen Bad für gutes Licht.

Das Feuer ist das Element der Küche, der Süden ist die Richtung des Feuers. Planen Sie Ihre Küche also möglichst südlich vom Hausmittelpunkt ein. Soll der Essplatz in der Küche liegen, ist die Familienecke richtig.

Bringen Sie Spiegel, Bilder und Feng-Shui-Hilfsmittel im Kinderzimmer immer in Augenhöhe der Kinder an, sonst verfehlen sie ihren Zweck. Fragen Sie auch die Kinder, wie sie ihnen gefallen.

AUGUST   33. Woche

Montag 14. August	火 Feuer*	火 Feuer*	木 Holz
Dienstag 15. August	火 Feuer*	火 Feuer*	火 Feuer*
Mittwoch 16. August	火 Feuer*	火 Feuer*	火 Feuer
Donnerstag 17. August	火 Feuer*	火 Feuer*	土 Erde*
Freitag 18. August	火 Feuer*	火 Feuer*	土 Erde
Samstag 19. August	火 Feuer*	火 Feuer*	金 Metall*
Sonntag 20. August	火 Feuer*	火 Feuer*	金 Metall

RAUM FÜR NOTIZEN

Fehlt Ihnen ein berufliches Ziel oder einfach die Motivation? Probieren Sie es mit einem Yang-Hobby wie etwa einem Kampfsport. Es kann auch ein scheinbar ganz ruhiger sein wie Tai Chi.

Neben Naturstoffen ist bei Polstermöbeln auch die ergonomische Form besonders wichtig – um Entspannung zu finden, muss die Wirbelsäule gestützt werden. Achten Sie darauf, dass Ihr neues Sofa nicht zu weich ist.

Elektrogeräte können das natürliche Chi eines Raumes belasten. Schalten Sie daher – vor allem nachts – auch alle Stand-by-Funktionen ab, und achten Sie darauf, dass kein Elektrowecker neben Ihrem Kopf steht.

Luftverschmutzung in der Wohnung kann Kopfschmerzen und allgemeines Unwohlsein verursachen. Putzen Sie häufig gründlich und lüften Sie mehrmals täglich, dadurch kann das Chi zirkulieren.

Liegt Ihre Vordertür ungünstig, so ernennen Sie einfach eine andere Tür symbolisch zur Vordertür, indem Sie sie mit einem Perlenvorhang betonen oder ein Schild mit den Namen der Bewohner an ihr anbringen.

Antiquitäten können schädliche Energie mit sich bringen, die den Gegenständen noch von früheren Besitzern anhaftet. Vor allem bei Schusswaffen ist Vorsicht geboten. Reinigen Sie sie von allen störenden Energien.

Hochwertige Nahrung ist für das Wohlbefinden ebenso wichtig wie eine harmonische Wohnumgebung. Verwenden Sie viel frisches Obst und Gemüse der Saison – nicht nur zur Dekoration der Räume!

AUGUST   34. Woche

Montag **21. August**	 火 Feuer*	 火 Feuer*	 水 Wasser*
Dienstag **22. August**	 火 Feuer*	 火 Feuer*	 水 Wasser
Mittwoch **23. August**	 火 Feuer*	 火 Feuer*	 木 Holz*
Donnerstag **24. August**	 火 Feuer*	 火 Feuer*	 木 Holz
Freitag **25. August**	 火 Feuer*	 火 Feuer*	 火 Feuer*
Samstag **26. August**	 火 Feuer*	 火 Feuer*	 火 Feuer
Sonntag **27. August**	 火 Feuer*	 火 Feuer*	 土 Erde*

RAUM FÜR NOTIZEN

Hängen Sie bloß keine Tigerbilder in Ihrer Wohnung auf, sonst gerät der Tiger, die wutentbrannte Seite des Feng Shui, außer Kontrolle und stellt sich gegen den Drachen, der das Haus schützt.

Vom Schreibtisch aus sollte man Fenster und Türen im Blick haben, um während der Arbeit ein Gefühl der Sicherheit zu haben. Ist beides nicht möglich, helfen Sie sich mit einer Glaskugel, die als Rundspiegel wirkt.

Die Raumenergie kann man mit Orangen- oder Zitronenbäumen steigern. Den Raum können Sie auch reinigen, indem Sie ein Gefäß mit Salzwasser aufstellen und einige Zitronen hineinlegen.

Machen Sie Ihr Schlafzimmer frei von allem, was nicht mit Ihrer Partnerschaft zu tun hat: Bügelwäsche, Fachbücher und die Fotos der lieben Verwandtschaft stören nur Ihren intimsten Bereich.

Ein Stein mit einem Loch am Bett angebracht verwandelt Albträume, die Sie vielleicht bei Vollmond quälen, in schöne, beruhigende Träume. Wenn Ihnen das zu spartanisch ist, basteln Sie sich einen Dreamcatcher.

Reinigen Sie Ihr Haus einmal im Monat mit reinen Klängen – von Glocken oder Klangschalen. Noch besser ist es allerdings, wenn Sie es vorher tatsächlich gereinigt und alle Papierkörbe geleert haben.

Pergolas haben positiven Einfluss auf Ihr Chi. Lustwandeln Sie an einem warmen Sommerabend zur Entspannung ruhig unter Ihrem Spalier oder Ihrer Pergola und genießen Sie diese eigene Atmosphäre.

AUGUST/SEPTEMBER 35. Woche

Montag
28. August

 火 Feuer*

 火 Feuer*

 土 Erde

Dienstag
29. August-

 火 Feuer*

 火 Feuer*

 金 Metall*

Mittwoch
30. August

 火 Feuer*

 火 Feuer*

 金 Metall

Donnerstag
31. August

 火 Feuer*

 火 Feuer*

 水 Wasser*

Freitag
1. September

 火 Feuer*

 火 Feuer*

 水 Wasser

Samstag
2. September

 火 Feuer*

 火 Feuer*

 木 Holz*

Sonntag
3. September

 火 Feuer*

 火 Feuer*

 木 Holz

RAUM FÜR NOTIZEN

Haben Sie Treppen in den ersten Stock als auch in den Keller Ihres Hauses, so schmücken Sie den Handlauf treppauf rechtsherum mit Efeu oder bunten Bändern, damit das Chi geordnet durch das Haus fließt.

Das schneidende Chi, das durch die Blattspitzen von Yuccapalmen entstehen kann, wird von vielen Menschen als aggressiv erlebt. Setzen Sie sie bewusst nur dort ein, wo Sie eine deutliche Grenze ziehen wollen.

Achten Sie darauf, dass Ihr Gästezimmer nicht zu unpersönlich ist, wenn Sie es nur für Gäste benutzen. Familienbilder, Bücher, Pflanzen und erinnerungsträchtige Gegenstände schützen das Chi vor Stagnation.

Nicht nur Deckenbalken, auch Dachschrägen drücken die Energie und können zu depressiven Zuständen führen. Leuchten Sie die Schrägen gut aus und stellen Sie hohe Topfpflanzen darunter auf.

Wie lautet Ihre Kua-Zahl? Haben Sie Ihren Lieblingsstuhl im Wohnzimmer gegen Westen gerichtet? Dann wirkt der Blick auf die untergehende Sonne für Sie offenbar entspannend.

Kristalle in einer Schale mit Salzwasser wirken reinigend auf die Atmosphäre. Auch Zitronen in Salzwasser oder das Räuchern der Wohnung mit Salbei oder anderen Kräutern hat eine ähnliche Wirkung.

Bevor Sie in den Süden reisen, trinken Sie ein Glas Wasser. Damit entfernen Sie symbolisch ungünstiges Chi. Zu spät? Merken Sie sich diesen Tipp für Ihren nächsten Sommerurlaub vor – wer weiß!

SEPTEMBER   36. Woche

Montag **4. September**	 火 Feuer*	 火 Feuer*	 火 Feuer*
Dienstag **5. September**	 火 Feuer*	 火 Feuer*	 火 Feuer
Mittwoch **6. September**	 火 Feuer*	 火 Feuer*	 土 Erde*
Donnerstag **7. September**	 火 Feuer*	 火 Feuer*	 土 Erde
Freitag **8. September**	 火 Feuer*	 火 Feuer	 金 Metall*
Samstag **9. September**	 火 Feuer*	 火 Feuer	 金 Metall
Sonntag **10. September**	 火 Feuer*	 火 Feuer	 水 Wasser*

RAUM FÜR NOTIZEN

Das Streicheln von Tieren senkt nachweislich den Blutdruck. Stehen dem also keine Allergien eines Hausbewohners im Weg, ist das Zusammenleben mit einem Tier empfehlenswert. Auch hier gilt: Achten Sie auf Hygiene!

Achten Sie bei der Raumaufteilung darauf, dass das Schlafzimmer nicht ausgerechnet neben der Werkstatt oder dem Arbeitszimmer liegt, diese Yang-Räume können einen ruhigen Schlaf beeinträchtigen.

Himmelsrichtung, Weite und die Positionierung von Möbeln und Pflanzen sind die drei wichtigsten Kriterien für Feng Shui in der Wohnung. Trennen Sie sich immer wieder von nicht mehr Benötigtem.

Der heutige Vollmond in den Fischen ist ein wunderbarer Zeitpunkt, um Ihr Gespür für Feng Shui wirken zu lassen. Hören Sie tief in ihren Bauch, er wird Sie wissen lassen, welche Veränderungen nötig sind.

Schummriges Licht im Vorzimmer oder Flur bremst das Chi gleich beim Eintreten und ist daher nicht günstig. Beleuchten Sie das Vorzimmer, auch wenn es nur als Durchgangsraum genützt wird.

Achten Sie beim Kauf von Wohntextilien besonders auf natürliche Materialien und machen Sie immer die Probe, ob Sie diesen Teppich oder diesen Vorhang auch auf der Haut tragen würden.

Wenn Toilette und Badewanne in einem Raum untergebracht sind, stellen Sie eine niedrige, trennende Wand dazwischen auf. Ansonsten summiert sich die belastende Energie dieses Raumes zu sehr.

SEPTEMBER   37. Woche

Montag 11. September	 火 Feuer*	 火 Feuer	 水 Wasser
Dienstag 12. September	 火 Feuer*	 火 Feuer	 木 Holz*
Mittwoch 13. September	 火 Feuer*	 火 Feuer	 木 Holz
Donnerstag 14. September	 火 Feuer*	 火 Feuer	 火 Feuer*
Freitag 15. September	 火 Feuer*	 火 Feuer	 火 Feuer
Samstag 16. September	 火 Feuer*	 火 Feuer	 土 Erde*
Sonntag 17. September	 火 Feuer*	 火 Feuer	 土 Erde

RAUM FÜR NOTIZEN

Den Konflikt zwischen Feuer und Wasser in der Küche können Sie nicht alleine mit Holzelementen direkt zwischen Herd und Spüle mildern, auch ein großer Holztisch im Raum wirkt sich bereits günstig aus.

Für Kinderzimmer sind helle und frische Blau-, Gelb- und Grüntöne ideal. Liegt Ihr Kinderzimmer allerdings im Osten und hat Ihr Kind Schlafprobleme, setzen Sie Stoffe in sanften Pastellfarben ein.

Wenn Sie das Gefühl haben, dass Ihr Kind die Schule zu wenig ernst nimmt, fehlt es am Arbeitsplatz des Juniors vielleicht an Yang. Glatte Oberflächen und Metallgegenstände am Schreibtisch helfen und – räumen Sie auf.

Deckenbalken drücken das Chi nach unten. Drapieren Sie die schweren Holzbalken mit Stoffen in pastelligen Farben oder streichen Sie sie hell. Sie sollten vermeiden, darunter zu schlafen oder ständig zu sitzen.

Geben Sie breiten Treppenaufgängen gegenüber schmalen Aufgängen den Vorzug. Hier kann das Chi ungehindert fließen. Sie wirken nicht für Sie selbst einladend und großzügig. Ans obere Ende gehört eine Pflanze.

Zu grelle, helle Farben, zu viele Rot- und Gelbtöne können zu einem Yang-Überschuss führen. Achten Sie auf die Farbwahl in Ihren Räumen, besonders in jenen Zimmern, die Ruhe und Geborgenheit vermitteln sollen.

Ein warmes Bad vor dem Schlafengehen bewegt die Chi-Energie vom Kopf zu den Füßen und fördert damit die Entspannung. Aus diesem Grund sollte man morgens nicht baden, sondern nur rasch duschen.

SEPTEMBER　　　　　　　　38. Woche

Montag 18. September	 火 Feuer*	 火 Feuer	 金 Metall*
Dienstag 19. September	 火 Feuer*	 火 Feuer	 金 Metall
Mittwoch 20. September	 火 Feuer*	 火 Feuer	 水 Wasser*
Donnerstag 21. September	 火 Feuer*	 火 Feuer	 水 Wasser
Freitag 22. September	 火 Feuer*	 火 Feuer	 木 Holz*
Samstag 23. September	 火 Feuer*	 火 Feuer	 木 Holz
Sonntag 24. September	 火 Feuer*	 火 Feuer	 火 Feuer*

RAUM FÜR NOTIZEN

Toiletten sind problematisch. Je größer und luxuriöser sie sind, desto negativer ist der Einfluss auf das Chi. Verbinden Sie das Nützliche mit dem Angenehmen: Sparen Sie hier und wählen Sie die schlichteste Ausführung.	
Zweifeln Sie an Ihren beruflichen Fähigkeiten, dann hängen Sie Fotos von früheren Triumphen oder gute Zeugnisse in Ihrer Wohnung auf – das stärkt Ihre Zuversicht. Der richtige Platz ist die Ruhmesecke des Bagua.	
Swimming-Pools können problematisch sein: Planen Sie Ihr Schwimmbecken nach Möglichkeit nicht eckig ein, sondern lieber rund oder oval. Außerdem sollte das Becken nicht zu groß sein.	
Kanäle oder Leitungen können gefährliches Sha-Chi auf Ihre Fenster leiten. Ein Blumenkranz oder ein Windspiel entschärfen die Gefahr und stellen für Sie einen wichtigen Schutz Ihres Energiefeldes dar.	
Die Eigenschwingung von Kristallen regt Heilungs- und Änderungsimpulse in Menschen an – Kristalle sind daher unverzichtbare Feng-Shui-Hilfsmittel. Vor dem Fenster holen sie Licht und Energie in den Raum.	
Eine gute Relation zwischen Türen und Fenstern in einer Wohnung oder einem Haus ist der Schlüssel eins zu drei. Sie sollten dreimal so viele Fenster wie Türen im Haus haben – und wie sieht es bei Ihnen aus?	
Leiden Sie häufig an Infektionskrankheiten oder Durchfall, dann könnte das daran liegen, dass Sie zu viel Yin-Energie haben. Achten Sie auf mehr Yang-Einflüsse zu Hause und auch an Ihrem Arbeitsplatz.	

SEPTEMBER/OKTOBER 39. Woche

Montag
25. September

 火 Feuer*
 火 Feuer
 火 Feuer

Dienstag
26. September

 火 Feuer*
 火 Feuer
 土 Erde*

Mittwoch
27. September

 火 Feuer*
 火 Feuer
 土 Erde

Donnerstag
28. September

 火 Feuer*
 火 Feuer
 金 Metall*

Freitag
29. September

 火 Feuer*
 火 Feuer
 金 Metall

Samstag
30. September

 火 Feuer*
 火 Feuer
 水 Wasser*

Sonntag
1. Oktober

 火 Feuer*
 火 Feuer
 水 Wasser

RAUM FÜR NOTIZEN

Fällt es Ihnen schwer, Ihrem Partner treu zu sein? Legen Sie etwas Holzkohle auf einen Teller im Südwesten Ihrer Wohnung, dann werden Sie sich Ihrem Partner wieder mehr verbunden fühlen.

Zu niedrige Decken erzeugen Depressionen. Malen Sie die Decke in einer hellen Farbe, dann erscheint der Raum höher, und bringen Sie Spiegel an den Wänden an. Auch helles Licht an Ihrem Lieblingsplatz kann helfen.

Scharfe Kanten im Schlafzimmer können schneidendes Chi verursachen, das den Schlaf stört und sich auf die Gesundheit auswirken kann. Entschärft wird es durch rundblättrige Pflanzen oder Stoffdrapierungen.

Vermeiden Sie Spiegel gegenüber von Fenstern und Türen – sie fördern Gereiztheit und schlechte Laune. Hat Ihr Nachbar einen Spiegel so gehängt, dass er Ihre Wohnung trifft, hängen Sie einen kleinen Spiegel dagegen.

Lüften Sie nicht nur die Wohnräume, sondern lassen Sie auch so oft wie möglich Ihre Kissen und Vorhänge an die frische Luft. Machen Sie einen Plan, nach dem Sie sie waschen – das vergisst man leicht.

Wenn Sie zu Hause ein Mobiltelefon haben, ist es keineswegs gleichgültig, wo die Sendestation steht: Neben Ihrem Bett ist der ungünstigste Platz. Stellen Sie sie in eine Ecke, wo sie am wenigsten stört.

Unentschlossenheit kann mit Hilfe einer Pendeluhr im Nordwesten des Hauses entgegengewirkt werden. Das rhythmische Ticken hilft Ihnen, sich den Anforderungen des Alltags zu stellen.

OKTOBER   40. Woche

Montag **2. Oktober**	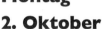 火 Feuer*	 火 Feuer	 木 Holz*
Dienstag **3. Oktober**	 火 Feuer*	 火 Feuer	 木 Holz
Mittwoch **4. Oktober**	 火 Feuer*	 火 Feuer	 火 Feuer*
Donnerstag **5. Oktober**	 火 Feuer*	 火 Feuer	 火 Feuer
Freitag **6. Oktober**	 火 Feuer*	 火 Feuer	 土 Erde*
Samstag **7. Oktober**	 火 Feuer*	 火 Feuer	 土 Erde
Sonntag **8. Oktober**	 火 Feuer*	 土 Erde*	 金 Metall*

RAUM FÜR NOTIZEN

Sternförmige Dekoration im Kinderzimmer fördert die Energie des Elements Feuer, das steigert die Kreativität Ihrer Kinder. Allerdings werden sie dabei lebhafter und für Sie selbst möglicherweise anstrengender ...

Jedes Haus und jede Wohnung benötigt eine Hintertür, durch die das Chi wieder austreten kann. Das kann eine Balkon- oder Terrassentür ebenso sein wie ein Bild von einer Tür an der Wand.

Ein runder Spiegel in Ihrem Arbeitszimmer verhindert, dass Sie sich zu sehr in der Arbeit verlieren und darüber Ihr Privatleben vergessen. Hängen Sie ihn vielleicht in die Familienecke des Baguas Ihres Arbeitszimmers.

Entscheidungsfreudiger werden Sie, wenn Sie im Norden Ihres Hauses oder Ihrer Wohnung ein Symbol der Weisheit – beispielsweise einen lachenden Buddha oder ein kleines Regal mit dicken Wälzern – platzieren.

Sind Sie auch am Feierabend in Gedanken bei Ihrer Arbeit? Sie können etwas dagegen tun: Achten Sie darauf, dass Sie nicht nach Norden oder Nordosten sehen, wenn Sie mit Ihrer Familie beisammen sitzen.

Gibt es in Ihrer Wohnung Plätze, wo Sie immer wieder mal verstaubtes Katzenspielzeug oder große Lurchknäuel hervorholen? Hier stagniert das Chi. Mit einer Lampe kann man Abhilfe schaffen.

Sie hätten gern ein Baby, es klappt aber bei Ihnen nicht gleich? Ein Kindersymbol im Schlafzimmer wie beispielsweise ein Kinderbild, ein Teddybär oder eine Babyrassel fördert die Empfängnisbereitschaft.

OKTOBER   41. Woche

Montag **9 Oktober**	 火 Feuer*	 土 Erde*	 金 Metall
Dienstag **10. Oktober**	 火 Feuer*	 土 Erde*	 水 Wasser*
Mittwoch **11. Oktober**	 火 Feuer*	 土 Erde*	 水 Wasser
Donnerstag **12. Oktober**	 火 Feuer*	 土 Erde*	 木 Holz*
Freitag **13. Oktober**	 火 Feuer*	 土 Erde*	 木 Holz
Samstag **14. Oktober**	 火 Feuer*	 土 Erde*	 火 Feuer*
Sonntag **15. Oktober**	 火 Feuer*	 土 Erde*	 火 Feuer

RAUM FÜR NOTIZEN

Keller und Dachboden repräsentieren im Feng Shui das Unterbewusstsein. Darum ist es einerseits so schwer, sich von gehorteten Dingen zu trennen, andererseits aber auch, hier aufzuräumen und Ordnung zu schaffen.

Versuchen Sie, wenigstens zu Hause das Mobiltelefon zu meiden und zum Festnetz zu greifen. Dessen elektromagnetische Schwingung ist weitaus weniger gesundheitsgefährdend.

Eifersucht des größeren Kindes auf das Neugeborene kann mit mehr Metall-Energie bekämpft werden. Hängen Sie silbergraue Vorhänge ins Kinderzimmer und dekorieren Sie es mit runden, glänzenden Objekten.

Wasser im Schlafzimmer wirkt sich negativ auf die energetische Atmosphäre aus und steht für Verluste. Vom Zimmerbrunnen neben dem Bett ist also abzuraten; stellen Sie ihn lieber an Ihren Arbeitsplatz.

Befindet sich die Toilette in Ihrem Haus oder Ihrer Wohnung in der Heiratsecke, verkleiden Sie die Tür mit einem Spiegel, um einer negativen Beeinträchtigung Ihres Liebeslebens entgegenzuwirken.

Zärtlichkeit und Romantik wird durch einen rosa Blumenstrauß in einer Metallvase verstärkt, der im Westen der Wohnung oder in der Partnerschaftsecke des Wohn- oder Schlafbereichs platziert wird.

Himmelhoch jauchzend – zu Tode betrübt. Dieser Zustand kann auch als Disharmonie zwischen Yin und Yang bezeichnet werden. Stärken Sie das fehlende Element je nach Situation mit Farben und Feng-Shui-Hilfen!

OKTOBER   42. Woche

Montag **16. Oktober**	 火 Feuer*	 土 Erde*	 土 Erde*
Dienstag **17. Oktober**	 火 Feuer*	 土 Erde*	 土 Erde
Mittwoch **18. Oktober**	 火 Feuer*	 土 Erde*	 金 Metall*
Donnerstag **19. Oktober**	 火 Feuer*	 土 Erde*	 金 Metall
Freitag **20. Oktober**	 火 Feuer*	 土 Erde*	 水 Wasser*
Samstag **21. Oktober**	 火 Feuer*	 土 Erde*	 水 Wasser
Sonntag **22. Oktober**	 火 Feuer*	 土 Erde*	 木 Holz*

RAUM FÜR NOTIZEN

Befürchten Sie heute schon wieder Stress mit den Kollegen? Aktivieren Sie Ihre westliche Chi-Energie durch weiße oder helle Kleidung oder Accessoires. Oder stellen Sie einen Blumenstrauß auf den Schreibtisch.	
Ist ein Familienmitglied beim Essen immer besonders gereizt? Setzen Sie den Störenfried so, dass er nach Norden sieht. Oder prüfen Sie, ob er in eine für seine Kua-Zahl völlig ungünstige Richtung schaut.	
Je heller und klarer die Töne des Windspieles sind, das Sie in Ihrer Wohnung zum Entschärfen einer Ecke einsetzen, desto reinigender ist die Wirkung dieses Feng-Shui-Hilfsmittels auf die Atmosphäre.	
In einem fensterlosen Badezimmer müssen Sie mit Chi-Mangel rechnen. Hier kann der Chi-Fluss durch die Verwendung von Marmorfliesen in heller Farbe beschleunigt werden. Auch Zacken können hilfreich sein.	
Haben Sie im Schlafzimmer einen Fernseher stehen, decken Sie ihn nachts ab, denn sonst wirkt er ebenso negativ wie ein Spiegel. Auf keinen Fall sollte er über Nacht in der Stand-by-Stellung bleiben.	
Sind Sie unlustig und antriebslos, fehlt es Ihnen an östlicher sowie an Yang-Energie. Stellen Sie einen Zimmerbrunnen im Osten Ihrer Wohnung auf und essen Sie mehr Getreideprodukte.	
Wenn Sie Kristalle kaufen, nehmen Sie sie für ein paar Sekunden ruhig in die Hand. Sie werden merken, welcher Kristall zu Ihnen passt. Ihre Handfläche beginnt dann nämlich möglicherweise zu pochen.	

OKTOBER 43. Woche

Montag **23. Oktober**	火 Feuer*	土 Erde*	木 Holz
Dienstag **24. Oktober**	火 Feuer*	土 Erde*	火 Feuer*
Mittwoch **25. Oktober**	火 Feuer*	土 Erde*	火 Feuer
Donnerstag **26. Oktober**	火 Feuer*	土 Erde*	土 Erde*
Freitag **27. Oktober**	火 Feuer*	土 Erde*	土 Erde
Samstag **28. Oktober**	火 Feuer*	土 Erde*	金 Metall*
Sonntag **29. Oktober**	火 Feuer*	土 Erde*	金 Metall

RAUM FÜR NOTIZEN

In Städten entspricht der Verkehrsfluss dem Wasserfluss. Je schneller der Verkehr, desto eher entsteht gefährliches Sha Chi. Achten Sie bei der Wohnungssuche also auf verkehrsberuhigte Zonen.

Schwarz ist bei uns wohl die Farbe der Trauer, doch im Feng Shui wird sie auch dazu eingesetzt, Feuer-Einflüsse in einem Raum zu kontrollieren. Das kann zu einem ausgewogeneren Energiespiel führen.

Bitten Sie alle Familienangehörigen, zuverlässig den Toilettendeckel zu schließen, wenn Sie das nicht ohnehin tun. Auch Toiletten- und Badezimmertür müssen geschlossen bleiben, damit nicht zu viel Chi entweicht.

Achten Sie darauf, in Ihrem Büro möglichst weit weg von elektromagnetischen Feldern zu arbeiten. Die Tastatur Ihres PCs strahlt übrigens kaum aus. Anders ist es beim Bildschirm oder Ihrem Computer selbst.

In einem mehrstöckigen Geschäftshaus sollten die Kreativen oben arbeiten, während die Büros der Mitarbeiter, die für die Umsetzung zuständig sind, in den unteren Stockwerken liegen sollten.

Jetzt, wo die Nächte wieder länger und die Abende wieder kuscheliger werden, achten Sie darauf, dass ein Bett nie in der verlängerten Türlinie stehen sollte. Das Chi kann sonst ungehindert zum Schlafenden fließen.

Yin entspricht im I Ging der durchbrochenen Linie, Yang der geschlossenen. Yin steht für dunkel und weiblich, Yang für hell und männlich. Achten Sie stets darauf, dass beide in Ihrer Wohnung in Harmonie stehen.

OKTOBER/NOVEMBER   44. Woche

Montag **30. Oktober**	 火 Feuer*	 土 Erde*	 水 Wasser*
Dienstag **31. Oktober**	 火 Feuer*	 土 Erde*	 水 Wasser
Mittwoch **1. November**	 火 Feuer*	 土 Erde*	 木 Holz*
Donnerstag **2. November**	 火 Feuer*	 土 Erde*	 木 Holz
Freitag **3. November**	 火 Feuer*	 土 Erde*	 火 Feuer*
Samstag **4. November**	 火 Feuer*	 土 Erde*	 火 Feuer
Sonntag **5. November**	 火 Feuer*	 土 Erde*	 土 Erde*

RAUM FÜR NOTIZEN

Drehen sich Ihre Kinder oft im Schlaf im Bett um die eigene Achse? Dann wissen sie offenbar instinktiv, welche Richtung sie brauchen – richten Sie die Kinderbetten danach aus.

Haben Sie das Gefühl, ein Geizhals zu sein, und wären Sie gerne großzügiger? Stärken Sie die Energie des Südens mit purpurfarbenen Gegenständen oder Blumen und lassen Sie mehr Sonne in Ihre Wohnung.

Geschäftsessen verlaufen in Yang-Atmosphäre am erfolgreichsten. Wählen Sie ein Lokal mit Marmortischen, Spiegeln und glänzenden Metallflächen. Der Erfolg wird nicht auf sich warten lassen.

Wenn Sie diesen Tag nützen, um der Verstorbenen zu gedenken, achten Sie darauf, auch die Blumen und Büsche auf den Gräbern nach dem Yin-Yang-Prinzip anzuordnen – ausgewogen und harmonisch.

Herd und Spüle sollten zwar nicht nebeneinander, doch auch keinesfalls gegenüber aufgestellt werden, da dadurch die Harmonie in der Küche gestört würde. Sorgen Sie für ausgleichendes Holz zwischen ihnen.

Führt die Eingangstür nicht in einen großzügigen Vorraum, sondern womöglich zu einem winzigen Kämmerchen und direkt zu einer Wand, „vergrößern" Sie diesen Raum mit heller Beleuchtung und Spiegeln.

Beim heutigen Vollmond im Stier ist Ihr Gefühl für Ästhetik auf dem Höhepunkt. Bringen Sie Ihre Vorlieben in Einklang mit den Regeln des Feng Shui und halten Sie heute gezielt Ausschau nach störenden Elementen.

NOVEMBER   45. Woche

Montag **6. November**	 火 Feuer*	 土 Erde*	 土 Erde
Dienstag **7. November**	 火 Feuer*	 土 Erde	 金 Metall*
Mittwoch **8. November**	 火 Feuer*	 土 Erde	 金 Metall
Donnerstag **9. November**	 火 Feuer*	 土 Erde	 水 Wasser*
Freitag **10. November**	 火 Feuer*	 土 Erde	 水 Wasser
Samstag **11. November**	 火 Feuer*	 土 Erde	 木 Holz*
Sonntag **12. November**	 火 Feuer*	 土 Erde	 木 Holz

RAUM FÜR NOTIZEN

Unaufgeräumte Schreibtische beweisen weder Kreativität noch besonderen Fleiß, hohe Papiertürme lenken nur von der eigentlichen Arbeit ab. Räumen Sie Ihren Schreibtisch möglichst leer; Sie brauchen die Berge nicht!	
In der Kinderecke des Baguas Ihrer Wohnung muss es nicht unbedingt um Ihren Nachwuchs gehen, sondern ebenso oft um Ihre geistigen „Babys", also Ihre Ideen, Ihre Kreativität, Ihre Karriere.	
Ein Regenbogenkristall im Fenster ermöglicht eine gesunde energetische Verbindung zwischen innen und außen. Hängen Sie ihn an einem roten Wollfaden auf, den Sie sicher befestigen.	
Markieren Sie in Ihrem Wohnzimmer den Mittelpunkt des Raumes mit einem Symbol, das für Ihre Lebensweise steht und Ihnen und Ihrer Familie Kraft gibt. Das kann auch eine Lampe oder ein Teppich sein.	
Ungeeignete Bauplätze für Ihr Haus sind in der Nähe von Gefängnissen, Regierungsgebäuden, Kirchen oder Friedhöfen. Die Energie dieser Plätze überträgt sich auf Ihre Umgebung.	
Rosatöne gelten als Heilmittel, da sie die Energieschwingungen des Körpers erhöhen. Umgeben Sie sich also mit rosa Blumen oder Kissen und Decken, wenn Sie sich krank und matt fühlen.	
Dreibeinige Kröten sind ein besonders beliebter Glücksbringer. Stellen Sie so ein Tier aus Kupfer, Messing oder Zinn so auf, dass es zur Eingangstür blickt – vorausgesetzt, Ihnen sind diese Tierchen sympathisch.	

NOVEMBER   46. Woche

Montag **13. November**	 火 Feuer*	 土 Erde	 火 Feuer*
Dienstag **14. November**	 火 Feuer*	 土 Erde	 火 Feuer
Mittwoch **15. November**	 火 Feuer*	 土 Erde	 土 Erde*
Donnerstag **16. November**	 火 Feuer*	 土 Erde	 土 Erde
Freitag **17. November**	 火 Feuer*	 土 Erde	 金 Metall*
Samstag **18. November**	 火 Feuer*	 土 Erde	 金 Metall
Sonntag **19. November**	 火 Feuer*	 土 Erde	 水 Wasser*

RAUM FÜR NOTIZEN

Wenn Ihre Pflanzen plötzlich erkranken, ist das für Sie ein Warnsignal, dass das Chi in Ihrem Haus oder Ihrer Wohnung stagniert. Überprüfen Sie sorgfältig das Feng Shui Ihres Lebensbereiches!	
Schüchternheit kann mit einer Yuccapalme im Süden der Wohnung positiv beeinflusst werden. Das Gute daran: Sie können sie jederzeit umstellen, wenn Sie merken, dass Sie über das Ziel hinausschießen.	
Fehlt es Ihnen an Schwung, dann nutzen Sie das Chi spitz zulaufenden Designs – das können spitze Blätter sein wie bei einer Aloe Vera oder Dracena am Arbeitsplatz oder auch Kissen im Karomuster.	
Immer kürzer werden die Tage, immer länger die Nächte. Gerade jetzt sind Kerzen und ätherische Öle, die nach Mandarinen oder Orangenblüten duften, für die Psyche ein ausgezeichneter Stimmungsaufheller.	
Der Blick aus dem Bett nach Nordosten ist nur kurzfristig für Motivationsschübe anzuraten, da diese Konstellation unruhigen Schlaf mit sich bringt. Wenn Sie allerdings Anregungen und Kraft brauchen, ist er hilfreich.	
Achten Sie darauf, wo und in wessen Hände Ihr Hausmüll und der Kehricht hinkommen. Ein übel meinender Mensch könnte Ihnen mit diesen Negativresten aus Ihrem Haushalt gefährlich werden.	
So schön offene Kamine auch sein mögen, wenn sie nur selten genützt werden, sind sie dem Feng Shui abträglich, vor allem, wenn sie gegenüber einer Tür liegen, da das Chi ungebremst aus dem Raum verschwindet.	

NOVEMBER   47. Woche

Montag **20. November**	 火 Feuer*	 土 Erde	 水 Wasser
Dienstag **21. November**	 火 Feuer*	 土 Erde	 木 Holz*
Mittwoch **22. November**	 火 Feuer*	 土 Erde	 木 Holz
Donnerstag **23. November**	 火 Feuer*	 土 Erde	 火 Feuer*
Freitag **24. November**	 火 Feuer*	 土 Erde	 火 Feuer
Samstag **25. November**	 火 Feuer*	 土 Erde	 土 Erde*
Sonntag **26. November**	 火 Feuer*	 土 Erde	 土 Erde

RAUM FÜR NOTIZEN

Liegt das Badezimmer am Ende eines Korridors, wird das Chi zu sehr beschleunigt. Halten Sie die Badezimmertür immer geschlossen und bringen Sie außen an der Tür einen Spiegel an. Er muss gar nicht groß sein.

Ein Kinderzimmer am Ende eines langen Ganges ist ungünstig, da sich das schnelle Chi, das ungehindert den Gang durchfließt, negativ auf das Kind auswirken wird. Bremsen Sie es durch Pflanzen und Spiegel ein.

Steht Ihr Gästezimmer seit dem Sommer leer? Höchste Zeit, das Chi mit frischen Blumen und freundlichen Bildern zum Fließen zu bringen. Lüften Sie auch diesen Raum gründlich und regelmäßig.

Liegt eine Toilette direkt über dem Eingang zu Ihrem Haus oder Ihrer Wohnung, beleuchten Sie Ihre Haustür mit einer besonders starken Lampe, um der negativen Energie von oben Positives entgegenzusetzen.

Schnittblumen in abgestandenem Wasser beeinflussen das Chi negativ. Geben Sie Ihren Blumen täglich frisches Wasser, dann sind sie ein ausgezeichneter Chi-Förderer. Das gilt auch für Zimmerbrunnen.

Jede Veränderung in Ihrer Wohnung ist Feng Shui, eine Veränderung des Fließens. Denken Sie daran, dass nicht jede Veränderung, die für Sie positiv ist, auch für Ihre Mitbewohner oder Ihre Familie gut ist!

Sind die Farben in Ihrem Wohnzimmer zu kalt für den Winter, fügen Sie doch ein paar hübsche Accessoires in warmen Tönen dazu, beispielsweise bunte Kissen, Plaids oder Blumengestecke.

NOVEMBER/DEZEMBER 48. Woche

Montag **27. November**	火 Feuer*	土 Erde	金 Metall*
Dienstag **28. November**	火 Feuer*	土 Erde	金 Metall
Mittwoch **29. November**	火 Feuer*	土 Erde	水 Wasser*
Donnerstag **30. November**	火 Feuer*	土 Erde	水 Wasser
Freitag **1. Dezember**	火 Feuer*	土 Erde	木 Holz*
Samstag **2. Dezember**	火 Feuer*	土 Erde	木 Holz
Sonntag **3. Dezember**	火 Feuer*	土 Erde	火 Feuer*

RAUM FÜR NOTIZEN

Gegen Erkältung und Winterdepression helfen ein paar Tropfen Pfefferminzöl in einer Wasserschale – und natürlich lange Spaziergänge im Schnee, Schlittschuh laufen, Ski laufen und Besuche im Solarium.

Bei Treppen ist die Beleuchtung sehr wichtig: Die horizontale Fläche soll hell sein, die senkrechte Fläche soll im Schatten liegen. Das ist auch eine Frage der Sicherheit und damit der Vernunft.

Je öfter Ihr Esstisch benützt wird, desto wohler werden Sie sich dabei fühlen. Die vielen Impulse für den Chi-Fluss schaffen eine wunderbare, entspannende, familiäre Atmosphäre.

Sie sitzen auf dem Sofa und Ihnen ist kalt? Holen Sie sich ganz bewusst die Energie des Feuers – durch belebende und wärmende Farben oder Materialien. Ideal wäre eine rote, flauschige Wolldecke!

Energetisieren Sie alle Ecken Ihres Zimmers mit Glückssymbolen – die aber durchaus ganz persönlicher Natur sein können, wie beispielsweise Fotos Ihrer Liebsten oder Erinnerungsstücke an schöne Tage.

Zu viel nördliche Chi-Energie führt zu Einsamkeit und Isolation. Liegt Ihre Wohnungstür im Norden, streichen Sie sie ruhig in einer leuchtenden Yang-Farbe wie Rot oder Gelb.

Wenn Ihre Wohnung im Zentrum eine Mauer hat, können Sie zwei künstliche Zentren schaffen. Wählen Sie zwei Räume aus, stellen Sie die genauen Mittelpunkte fest und verstärken Sie sie mit Bergkristallspitzen.

DEZEMBER 49. Woche

Montag **4. Dezember**	 火 Feuer*	 土 Erde	 火 Feuer
Dienstag **5. Dezember**	 火 Feuer*	 土 Erde	 土 Erde*
Mittwoch **6. Dezember**	 火 Feuer*	 土 Erde	 土 Erde
Donnerstag **7. Dezember**	 火 Feuer*	 金 Metall*	 金 Metall*
Freitag **8. Dezember**	 火 Feuer*	 金 Metall*	 金 Metall
Samstag **9. Dezember**	 火 Feuer*	 金 Metall*	 水 Wasser*
Sonntag **10. Dezember**	 火 Feuer*	 金 Metall*	 水 Wasser

RAUM FÜR NOTIZEN

Meinen Sie, dass Sie zu wenig Geld verdienen? Reden Sie mit Ihrem Chef – oder stellen Sie eine hohe Zimmerpflanze im Osten Ihres Büros auf. Die bringt zwar nichts am Lohnzettel, macht Sie aber selbstsicherer.

Das Elternschlafzimmer und dessen Feng Shui hat Einfluss auf die ganze Wohnung oder das ganze Haus. Beachten Sie also besonders in diesem Raum, dass es den Konstellationen des Feng Shui entspricht.

In Bettwäsche aus Kunstfasern kann sich statische Elektrizität aufbauen, die den Chi-Fluss durcheinander bringt. Achten Sie unbedingt auf reine Naturprodukte! Diese saugen auch Ihren Schweiß besser auf.

Ein Balken, der quer über das Bett verläuft, kann Kopfschmerzen und Schlafstörungen verursachen. Verhängen Sie ihn vielleicht mit zartem Gazestoff, wenn Sie das Bett nicht anders aufstellen können.

Zu viele Glasflächen und zu helle Sonneneinstrahlung führen zu einem Yang-Überschuss. Dieses Yang-Chi kann nervös und orientierungslos machen. Ziehen Sie etwas dichtere Gardinen vor die Fenster.

Die Nassräume sind die problematischsten Zonen der Wohnung, denn hier dominiert das Wasser, das das Leben positiv, aber auch negativ beeinflussen kann. In Nassräumen herrscht negatives, „verschmutztes" Wasser.

Denken Sie daran, dass Kinder meist ein angeborenes Gefühl für Feng Shui haben. Beziehen Sie Ihre Kinder in die Wohnungsplanung ein und nehmen Sie ihre Vorschläge, wo das Kinderbett stehen sollte, ernst!

DEZEMBER   50. Woche

Montag
11. Dezember
 火 Feuer*   金 Metall*   木 Holz*

Dienstag
12. Dezember
 火 Feuer*   金 Metall*   木 Holz

Mittwoch
13. Dezember
 火 Feuer*   金 Metall*   火 Feuer*

Donnerstag
14. Dezember
 火 Feuer*   金 Metall*   火 Feuer

Freitag
15. Dezember
 火 Feuer*   金 Metall*   土 Erde*

Samstag
16. Dezember
 火 Feuer*   金 Metall*   土 Erde

Sonntag
17. Dezember
 火 Feuer*   金 Metall*   金 Metall*

RAUM FÜR NOTIZEN

Mit der kalten Dezemberluft ist nicht zu spaßen. Windöl oder Tigerbalsam, um Nase und Nabel verteilt, schützt vor den Yang-Einflüssen des Windes und damit vor Erkältungen und anderen Infektionskrankheiten.

Badezimmer haben in modernen Apartments selten Fenster. Helfen Sie dem Chi mit vielen Kerzen, am besten aus echtem Bienenwachs, auf die Sprünge. Dass Sie sie nicht unbeaufsichtigt lassen, ist selbstverständlich.

Wird ein Bereich des Baguas Ihrer Wohnung von zu vielen Mauern durchtrennt, stagniert dort die Energie. Hier können Sie Abhilfe schaffen, indem Sie die Beleuchtung verändern oder Pflanzen aufstellen.

Schützen Sie sich vor der winterlichen Kälte und Dunkelheit, indem Sie lebendiges, helles Rot tragen. Auch Schmuckstücke oder Accessoires mit langen, spitzen Formen können neue Energie spenden.

Chinesische Fu-Hunde aus Stein im Garten, vor allem, wenn sie beleuchtet sind, steigern den Reichtum der Familie. Auch eine Glückskröte mit einer Münze kann das tun – falls Sie nicht lieber zum Hufeisen greifen wollen.

Liegt Ihre Wohnung in unmittelbarer Nähe eines Krankenhauses, so können Sie die von dort ausstrahlende starke Yin-Energie durch gutes, helles Licht und freundliche Farben in Ihrer Wohnung ausgleichen.

Spiegel haben verdoppelnde Wirkung. Wenn Sie materialistisch eingestellt sind, montieren Sie einen Spiegel dort, wo Ihr Geld, Ihr Schmuck oder Ihre Sparbücher liegen. In einem Geschäft wäre das hinter der Kasse.

DEZEMBER   51. Woche

Montag 18. Dezember	 火 Feuer*	 金 Metall*	 金 Metall
Dienstag 19. Dezember	 火 Feuer*	 金 Metall*	 水 Wasser*
Mittwoch 20. Dezember	 火 Feuer*	 金 Metall*	 水 Wasser
Donnerstag 21. Dezember	 火 Feuer*	 金 Metall*	 木 Holz*
Freitag 22. Dezember	 火 Feuer*	 金 Metall*	 木 Holz
Samstag 23. Dezember	 火 Feuer*	 金 Metall*	 火 Feuer*
Sonntag 24. Dezember	 火 Feuer*	 金 Metall*	 火 Feuer

RAUM FÜR NOTIZEN

Gebäude mit großen Glasflächen lösen besonders im Winter ein Gefühl der Unsicherheit aus, da das Chi ungehindert aus- und einziehen kann. Gardinen und Vorhänge werden Ihr Wohlbefinden verbessern.

Geborgenheit kann durch die Farbe Grün verstärkt werden, daher empfiehlt sich diese Farbe für Kinderzimmer, in denen sich ängstliche, sensible Kinder aufhalten. Auch große Räume macht eine grüne Wand heimeliger.

Kein Schlafzimmer sollte direkt neben dem Badezimmer liegen. Wenn es nicht anders möglich ist, achten Sie darauf, dass das Kopfende des Bettes nicht direkt an der Wand mit den Abflussrohren steht.

Obwohl Feng Shui eine fernöstliche Lehre ist, empfiehlt es sich, mitteleuropäische Symbolik in der Weihnachtszeit zu verwenden. Tannen, Krippen und Engel sind im Zweifelsfall dreibeinigen Kröten vorzuziehen.

Um das Chi für Ihre Wohnung positiv „in Schwung" zu bringen, können Sie ein Windspiel an Ihrer Wohnungstür anbringen. Sie sollten allerdings darauf achten, dass alle Familienangehörigen den Klang mögen.

Auf welcher Seite sich die Türangeln befinden, ist von entscheidendem Einfluss auf den Chi-Fluss. Eine links angeschlagene Tür lenkt das Chi in die rechte Hälfte des Raumes und andersherum.

Heiligabend – verwenden Sie doch dieses Jahr einmal weiße statt rote Kerzen und hängen Sie zwischen den Weihnachtsschmuck auch einige glitzernde Kristalle in die Zweige des Christbaumes.

DEZEMBER 52. Woche

Montag **25. Dezember**	 火 Feuer*	 金 Metall*	 土 Erde*
Dienstag **26. Dezember**	 火 Feuer*	 金 Metall*	 土 Erde
Mittwoch **27. Dezember**	 火 Feuer*	 金 Metall*	 金 Metall*
Donnerstag **28. Dezember**	 火 Feuer*	 金 Metall*	 金 Metall
Freitag **29. Dezember**	 火 Feuer*	 金 Metall*	 水 Wasser*
Samstag **30. Dezember**	 火 Feuer*	 金 Metall*	 水 Wasser
Sonntag **31. Dezember**	 火 Feuer*	 金 Metall*	 木 Holz*

RAUM FÜR NOTIZEN

Ermüden Sie Familientreffen? Stärken Sie die Chi-Energie des Südwestens, dann überstehen Sie anstrengende Familienwochenenden entspannter. Räumen Sie auch die Familienecke in Ihrer Wohnung auf.

Halogenlampen sind für Räume, in denen Sie sich häufig aufhalten, ungeeignet, da die Trafos das Raumklima sehr negativ beeinflussen. An Feiertagen wie heute spüren Sie das stärker, wenn Sie länger zu Hause sind.

Besitzt Ihre Wohnung keine Fenster nach Westen, bricht die Dämmerung bei Ihnen schon früher herein und führt zu Energieverlust. Gleichen Sie diesen Mangel mit Metallgegenständen in Ihrer Einrichtung aus.

Elektromagnetische Felder entstehen nicht nur durch die Stand-by-Funktion, sondern auch schon, wenn das Gerät mit dem Stromnetz verbunden ist. Ziehen Sie deshalb den Stecker wenig benutzter Geräte heraus.

Winterdepression? Geben Sie zu einem Achtel Quellwasser jeweils 50 Tropfen Limonen- und Grapefruit- und 10 Tropfen Apfelsinen-(Orangen-)Öl. Damit bringen Sie einen Hauch Sommer und Meer in Ihre Wohnung.

Mithilfe von Jalousien können Sie die Lichtrichtung günstig beeinflussen, wählen Sie aber keine aus Kunststoff. Metalljalousien verstärken das einfallende Chi, Jalousien aus Holz sind hingegen neutral.

Die elektromagnetische Strahlung des Kühlschranks beeinflusst auch die Energie der Lebensmittel negativ. Lagern Sie vor allem Obst und Gemüse deshalb lieber in kühlen, trockenen Räumen.

RAUM FÜR NOTIZEN

TEIL III

IHR TIERKREISZEICHEN UNTER DEM EINFLUSS DER MONATSREGENTEN

Auf den folgenden Seiten erfahren Sie, wie Ihr Tierkreiszeichen mit dem Einfluss der verschiedenen Monatsregenten zurechtkommt.

Ihr Tierkreiszeichen im Monat der Ratte

 Eine Ratte fühlt sich durch die Energie der Ratte in ihrem Wesen bestärkt. Ihr Streben nach Vollkommenheit ist durch diese Verstärkung möglicherweise von mehr Erfolg gekrönt.

 Für den Büffel kann die Kraft der Ratte die ideale Ergänzung sein: Sie stachelt ihn mit ihrem Tatendrang an und nimmt ihm etwas von seiner Behäbigkeit.

 Die Energien von Tiger und Ratte haben einiges gemeinsam, etwa die Fähigkeit, andere Menschen zu begeistern, oder das ausgeprägte ästhetische Empfinden. Nutzen Sie diese Qualitäten!

 Ein Monat, der dem Sex und den schönen Dingen des Lebens gewidmet sein kann. Die Rattenergie unterstützt den Hasen bei der Lust und verstärkt seine ästhetische Wahrnehmung.

 Die Ratten-Energie gibt dem Drachen unterschwellig das Gefühl, ständig von allen bewundert zu werden, was ihm äußerst gefällt, wenn auch nicht immer gut tut.

 Wo der Sinn für Luxus der Schlange mit der Sparsamkeit der Ratte kollidiert, entstehen ernste Probleme. Sie werden dadurch verschärft, dass beide Energien dazu bewegen, Gefühle lieber nicht zu zeigen.

 Das Pferd hat mit der Ratte wenig gemein und profitiert deswegen um so mehr von ihrem Einfluss. Sie vermag es z. B. ein Gefühl für das Schöne in ihm zu wecken.

 Die Ziege kann neben ihrem Pragmatismus in dieser Zeit vielleicht auch ein Gefühl für die schönen, wenn auch oberflächlichen Dinge entwickeln.

 Der Affe wird möglicherweise ein wenig gefühlvoller, was ihn aber hin und her schleudern und zu einem noch unbeständigeren Leben verleiten kann.

 Der Hahn erfährt durch den starken Hang zur Perfektion, den die Ratte hat, vielleicht, dass er doch noch nicht so vollkommen ist, wie er selbst von sich gerne annimmt.

 Der Hund kann durch den Einfluss der Ratte seine guten Eigenschaften perfektionieren. Es ist aber auch möglich, dass er noch verschwenderischer mit gut gemeinten Ratschlägen um sich wirft.

 Das Schwein verträgt sich gut mit den Energien des Ratte-Monats und bekommt von diesen vielleicht eine kleine Motivation, um eigene Ziele konsequenter zu verfolgen.

RAUM FÜR NOTIZEN

Ihr Tierkreiszeichen im Monat des Büffels

 Die Kraft des Büffels verhindert mit ihrer Besonnenheit, dass die Ratte vor lauter Ehrgeiz ihre Ziele aus den Augen verliert, und gibt ihr ein Gefühl der Sicherheit.

 Die Suche des Büffels nach Geborgenheit und romantischer Liebe wird in dieser Zeit noch forciert. Es fehlt jedoch jene Portion Pfeffer, die verhindert, dass der Büffel in einem Übermaß an Ruhe zu träge wird.

 Die Energie des Büffels schafft es, den Tiger regelmäßig auf den Boden der Tatsachen zurückzuholen, und erwirkt dadurch, dass der Tiger sich nicht in abgehobenen Plänen verliert.

 Dem Hasen ist Familie und Häuslichkeit zu allen Zeiten weitaus das Wichtigste und auch der Monat des Büffels wird das nicht ändern – im Gegenteil.

 Der Monat des Büffels bewegt den Drachen nicht nur dazu, deutlich langsamer zu agieren, sondern auch zielstrebiger und geduldiger. Seine Starrköpfigkeit findet im Drachen einen freudigen Abnehmer.

 Büffel und Schlange haben das hartnäckige Verfolgen ihrer Ziele gemeinsam. Die Schlange wird durch die Energie des Büffels jedoch angehalten, sich nicht nur auf den geistigen Bereich zu beschränken.

 Das Pferd bekommt durch die geruhsamere Energie des Büffels etwas mehr Beständigkeit, wird sich aber vermutlich in diesem Monat eher langweilen. Gut, um angefangene Dinge abzuschließen.

 Die Ziege, die ja mit den schönen Dingen des Lebens so gar nichts am Hut hat und sowieso ständig vom Pflichtgefühl geplagt wird, hat im Monat des Büffels auch nicht gerade das große Los gezogen.

 Der Affe hingegen kann großen Nutzen daraus ziehen, wenn er sich ein wenig auf den Büffel einlässt. Dieser kann ihm vermitteln, wie befriedigend es sein kann, ein Ziel unermüdlich zu verfolgen.

 Der Büffel zieht den Hahn mit seiner Erdenschwere herab, was diesem ganz gut tut und ihn ein wenig von seiner Kopflastigkeit und seiner ausgeprägten Fantasie befreit.

 Der Hund erfährt nun eine Verstärkung seiner Treue, Zuverlässigkeit und Loyalität, muss aber aufpassen, dass ihm nicht auch noch der kleine Rest an Forschergeist verloren geht.

 Das Maß an emotionaler Lebendigkeit, die das Schwein bei seiner sonstigen Gradlinigkeit so interessant macht, muss sich unter dem Einfluss des Büffels schwer behaupten.

RAUM FÜR NOTIZEN

Ihr Tierkreiszeichen im Monat des Tigers

Der Monat des Tigers ist für eine Ratte eine schwierige Zeit. Er setzt sie einem Wechselbad von Gefühlen aus, mit dem sie nicht fertig wird. Vom Charakter her haben Tiger und Ratten sonst einiges gemeinsam.

Die Kraft des Tigers bietet dem Büffel Warmherzigkeit und Energie. Die Wankelmütigkeit dieser Wochen können dem Büffel aber auch schwer zu schaffen machen.

Der Tiger wird in diesem Monat in all seinen guten wie schlechten Eigenschaften bestärkt. Sein missionarischer Eifer kann unangenehme Ausprägungen annehmen.

Der Hase dachte immer, sein Seelenleben sei ebenso geordnet und übersichtlich wie sein Familienleben. In diesem Monat muss er erfahren, dass sich auch bei ihm ungeahnte Tiefen auftun können.

Der Drache wird sich diesen Monat noch mehr als sonst zu Heldentaten berufen fühlen und förmlich mit sich selbst im Wettstreit liegen. Vorsicht, das kann ins Auge gehen!

Tiger und Schlange neigen zu Gefühlstiefe, leider auch dazu, sich in diese zu versenken und darüber hinaus nichts anderes mehr wahrzunehmen. Für die Schlange kann der Monat also turbulent werden.

Das Pferd wird unter dem Einfluss des Tigers noch lieber im Mittelpunkt stehen. Vielleicht übernimmt es aber auch den Feuereifer, mit dem sich der Tiger sozialen Projekten widmet.

Die Ziege kann sich unter Tiger-Einfluss zu einer interessanten Persönlichkeit mausern. Die Leidenschaft, mit der der Tiger seine Ziele verfolgt, kann mit der Arbeitskraft der Ziege zum Erfolg führen.

Der Affe wird im Monat des Tigers sicher noch mehr neue Ideen haben als sonst und wird sie mit noch mehr Energie angehen. Zu Ende bringt er sie aber trotzdem nicht.

Hahn und Tiger stehen beide so furchtbar gerne im Mittelpunkt des Interesses, weswegen sich der Einfluss des Tigers auf den Hahn vermutlich verheerend auswirkt.

Der Hund kann von der Energie des Tigers profitieren, er kann sich für humane Gedanken erwärmen und seine Fürsorglichkeit gewährleistet, dass er sie auch in die Tat umsetzt.

Das Schwein teilt mit dem Tiger dessen ungeheuren Gerechtigkeitssinn, braucht aber kein Publikum, um anderen zu helfen, und so kann ihm die Tiger-Energie dazu verhelfen endlich anzufangen.

RAUM FÜR NOTIZEN

Ihr Tierkreiszeichen im Monat des Hasen

 Die Hasenenergie setzt der Ratte keinen Widerstand bei ihrem Streben nach Vollkommenheit entgegen, sondern fängt ihren Ehrgeiz durch Friedlichkeit sanft auf.

 Vielleicht leiht die Energie des Hasen dem Büffel ein wenig von ihrer Leichtfüßigkeit. Da aber auch sie die Häuslichkeit des Büffels eher verstärkt, kann er diesen Monat auch viel zu Hause kleben.

 Glück hat der Tiger ja sowieso meistens, in diesem Monat hat er es sicher. Vielleicht beschert er dem Tiger sogar ein bisschen Ruhe und Zurückgezogenheit, die ihm sehr fehlen.

 Ihr Bedürfnis nach Harmonie, Frieden und Häuslichkeit wird in diesen Wochen besonders stark ausgeprägt sein. Geben Sie dem nach, verschließen Sie sich dabei aber nicht der Welt und ihren Problemen.

 Der Drache wird durch die herrschende Hasen-Energie ein wenig besänftigt und gebremst. Vielleicht gibt er sich aber noch mehr als sonst seinem Gefühl, von aller Welt unverstanden zu sein, hin.

 Möglicherweise hat die Schlange diesen Monat die Chance, ein wenig von sich selbst abgelenkt zu werden und den Blick ausnahmsweise auch mal auf andere zu richten.

 Der Wunsch des Pferdes, ständig im Mittelpunkt zu stehen, kollidiert mit der Unart des Hasen, sich oft mehr zurückzunehmen, als gesund ist. Hoffentlich ergibt sich daraus ein gutes Mittelmaß.

 Für die Ziege ist dieser nicht sehr aufregende Monat von produktiver Arbeit geprägt, die sich aber nicht durch besondere Kreativität auszeichnet.

 Des Affen Lebendigkeit und Quirligkeit könnte sich unter dem Einfluss des Hasen geistig konzentrieren, während seine körperliche Agilität eingeschränkt wird.

 Auch der Hahn kann vom Einfluss des Hasen nur profitieren. Sein Hang zur Selbstdarstellung weicht unter günstigen Umständen einem harmonischeren Umgang mit anderen.

 Die Harmoniebedürftigkeit des Hundes kann mit der des Hasen gepaart leicht zu Übertreibungen führen. Seine ruhige und liebenswürdige Ausstrahlung erfährt jedoch weitere Festigung.

 Die Aufopferungsbereitschaft des Schweines kann im Monat des Hasen ungeahnte Ausmaße annehmen. Hüten Sie sich davor sich selbst zu sehr zurückzustellen.

RAUM FÜR NOTIZEN

Ihr Tierkreiszeichen im Monat des Drachen

 Die Energie des Drachen ist für die Ratte prächtig. Sie unterstützt ihren Ehrgeiz und Perfektionsdrang, denn sie vermittelt genug Energie und strahlt Erfolg aus.

 Der Drache bietet dem Büffel Gefühlstiefe und versteht sein Gefühl der Einsamkeit. Allerdings wird der Büffel in seiner Dickköpfigkeit durch die Drachen-Energie noch bestärkt.

 Der Eifer, mit dem der Tiger alle anderen eines Besseren belehren will, erfährt durch die Energie des Drachen eine gehörige Portion neuen Schwung. Vielleicht verleiht er den Methoden ein wenig Originalität.

 Der Hase wird förmlich von den Flammen des Drachen vorangetrieben und hoppelt aufgeregt vorweg. Eine brenzlige Erfahrung, die dem Hasen aber auch endlich einmal zeigt, was so alles in ihm steckt.

 Drachen sollten sich in diesem Monat versuchen, sich selbst möglichst zurückzunehmen. Ihre gute Energie ist solcherart belebt, dass sie leicht ins Destruktive umschlagen kann.

 Die in sich gekehrte Schlang, die von der Außenwelt und anderen Menschen immer ein wenig getrennt ist, kann durch die Energie des Drachen möglicherweise einen kleinen Vorstoß vollbringen.

 Auch Pferde sollten ordentlich im Zaum gehalten werden. Ihre natürliche Begabung, andere zu unterhalten und zu faszinieren, kann unter dem Einfluss des Drachen fast so unerträglich wie ein Gockel werden.

 Der Ziege fällt mit der Kraft des Drachen vieles leichter. Sie wird ein wenig extrovertierter, kreativer und vielleicht sogar ein klein bisschen originell.

 Wenn der Affe Glück hat, verhilft ihm die Drachen-Energie dazu, eine Sache mit Elan zu Ende zu führen. Wenn er Pech hat, verdoppelt sich einfach nur die Zahl der Hochzeiten, auf denen er gleichzeitig tanzt.

 Der Hahn wird sich auch im Monat des Drachen gerne präsentieren. Der Drache leiht ihm dabei aber etwas von seinem Charisma und so beeindruckt er diesmal tatsächlich, statt sich nur lächerlich zu machen.

 Der Hund bekommt vom Drachen eine kleine Portion Pepp und avanciert in günstigen Stunden vielleicht sogar zum Alpha-Rüden, der durch Beharrlichkeit und Bestimmtheit Eindruck macht.

 Dieser Monat bietet allen Schweinen eine echte Chance, mit flammendem Schwert endlich auch einmal für die eigene Sache zu kämpfen.

RAUM FÜR NOTIZEN

Ihr Tierkreiszeichen im Monat der Schlange

Wo der Sinn für Luxus der Schlange mit der Sparsamkeit der Ratte kollidiert, entstehen ernste Probleme. Sie werden dadurch verschärft, dass beide ihre Gefühle lieber nicht zeigen, um nicht verletzt zu werden.

Die Sehnsucht der Schlange nach Abwechslung kann sich auf den Büffel äußerst positiv auswirken, wenn sie ihn aus seiner Trägheit reißt und seine Kreativität zum Vorschein bringt.

Die ungeheure Willenskraft der Schlange kann den Tiger dazu verleiten, seine Tendenz, andere zu bekehren, mit ungeheurer Energie zu verfolgen und dabei oft über das Ziel hinaus zu schießen.

Dem Hasen verleiht die Schlangen-Energie endlich einmal einen Anflug von Rätsel und gibt seiner Geradlinigkeit im Denken und Handeln eine spielerische und bereichernde Note.

Introvertiertheit und Extrovertiertheit treffen mit ungeheurer Kraft aufeinander. Möglich ist eine starke Mitte, möglich ist aber auch ein kräftezehrender und ergebnisloser Kampf.

Die Schlange neigt in ihrem Monat dazu, sich vollständig in ihren Elfenbeinturm zurückzuziehen, und nimmt den Menschen um sie herum jede Möglichkeit, sie zu verstehen und sich ihr zu nähern.

Das Pferd scheut vor der Schlange und benötigt viel Kraft, sich gegen die Tiefe des Geistes und den Wunsch nach Zurückgezogenheit zu sperren. Wenn es offen ist, eröffnen sich ihm neue Dimensionen.

Das Zicklein kann unter Umständen von der Energie, die es dieser Tage umgibt, ein wenig verunsichert und verschüchtert sein. Ist es aber dabei ein bisschen offen und neugierig für Neues, kann es nur profitieren.

Der Affe ist der Schlange denkbar unähnlich und erfährt völlig fremde Impulse von ihr, weswegen diese Zeit bestimmt besonders spannend und aufregend für ihn werden wird.

Die Herrschaft der Schlange fordert die Intelligenz des Hahnes heraus und wenn er die Herausforderung annimmt, können außergewöhnliche Ergebnisse die Folge sein.

Die Distanzlosigkeit, die der Hund anderen Menschen gegenüber oftmals unbeabsichtigt an den Tag legt, wird durch die Zurückgezogenheit der Schlange gemildert.

Die Tugenden der Gerechtigkeit und Aufrichtigkeit, die das Schwein mitbringt, können gepaart mit der Ausdauer und dem Mut der Schlange weiter aufgewertet werden.

RAUM FÜR NOTIZEN

Ihr Tierkreiszeichen im Monat des Pferdes

 Vielleicht ermöglicht die Zeit des Pferdes der Ratte, ein wenig „handfester" zu werden und sich ausnahmsweise mal ein bisschen mehr mit sich selbst zu beschäftigen.

 Der Büffel findet in diesem Monat nicht die Solidität, die er sucht und braucht. Das Pferd ist dem Büffel zu sprunghaft, zu unruhig und temperamentvoll.

 Die Lebensfreude des Tigers ist in diesem Monat durch nichts zu trüben. Beschwingt und mit einer Leichtigkeit, die alles besser von der Hand gehen lässt, bezwingt er alle Widrigkeiten.

 Der Hase geht in diesem Monat seinen gewohnten Weg freudiger und mutiger als sonst. Sein tiefes Mitleid wird sicher keine selbstzerstörerischen Ausmaße annehmen.

 Des Drachen Egoismus und sein Wunsch, immer in der ersten Reihe zu stehen, werden sicherlich nicht gemildert. Vielleicht vollbringt er diese Dinge aber etwas unbeschwerter und nicht so verbissen.

 Die Schlange die den Blick nach innen gerichtet hat, vermag mit der Energie des Pferdes viel anzufangen. Sie nutzt sie, um freudig und weniger einsam zu sein.

 Diese Doppel-Konstellation ist eigentlich bei allen Tierkreiszeichen ein wenig problematisch, weil sie keinerlei Ausgleich erfährt. Gute wie schlechte Tendenzen verstärken sich.

 Ziegen können im Monat des Pferdes über ihren eigenen Schatten springen und zumindest kleine Abenteuer, sei es im zwischenmenschlichen oder im beruflichen Umfeld, wagemutig bestehen.

 Der Affe ist im Monat des Pferdes unter Umständen ein wenig zielgerichteter, womöglich ist es aber wieder das falsche Ziel, auf das er lospprescht, ohne vorher den Sinn dieser Unternehmung zu prüfen.

 Der Hahn ist noch selbstverliebter und verfolgt seine Lieblingsbeschäftigung, andere beeindrucken zu wollen, mit noch mehr Ausdauer und Freude als sonst.

 Der Hund als traditioneller Gefolgsmann des Pferdes kommt in dessen Begleitung erst richtig zur Geltung. Der Glanz des Pferdes färbt auf ihn ab und seine Schnelligkeit und Stärke wird plötzlich sichtbar.

 Gut gelaunt und gesellig verbringt das Schwein diese Wochen. Es freut sich des Lebens, kann aber Geheimnisse leider noch schlechter für sich behalten als sowieso schon.

RAUM FÜR NOTIZEN

Ihr Tierkreiszeichen im Monat der Ziege

 Die Ziegen-Energie ist in ihrer sanften, einfühlsamen Art eine angenehme Ergänzung, die der Ratte gut tut. Die übergroße Gefühlstiefe, die diese auch bescheren kann, macht der Ratte allerdings zu schaffen.

 Diese Konstellation ist nicht wirklich ideal, da sie den Büffel in keiner Weise anstachelt; sie verstärkt seine Tendenz zu Trägheit und Pessimismus, ohne dem irgendetwas entgegensetzen zu können.

 Dem Tiger tut die Ziegen-Zeit außerordentlich wohl. Zu all seinen heeren Projekten mischt sich jetzt die Komponente der Machbarkeit und fördert seinen Realitätssinn.

 Der Hase profitiert von der Ziege nur insoweit, als sie seine positiven Eigenschaften wie Beharrlichkeit noch verstärkt. Seinen Mangel an Kreativität und innovativem Potenzial gleicht aber auch sie nicht aus.

 Der Drache wird durch die praktische Vernunft der Ziege mitunter an waghalsigen Unternehmungen gehindert, die er plant, um seine Allmacht zu demonstrieren.

 Die Schlange kann durch die Ziege ein bisschen auf Tuchfühlung mit der stofflichen Welt gehen und ist gezwungen sich auch einmal diesen banalen Dingen des Lebens zu widmen, was ihr sicher nicht schadet.

 Dem grenzenlosen Optimismus des Pferdes tut dann und wann etwas Realismus sehr gut. Er wird es nicht aus der Fassung bringen und kann zur Erreichung seiner Ziele nur förderlich sein.

 Die Ziege wird sich in diesem Monat noch eifriger und zielstrebiger ihren Aufgaben widmen und dabei weiterhin ängstlich und zurückhaltend bleiben.

 Jedem Affen, der einem ans Herz gewachsen ist, sollte man eigentlich gleich ein ganzes Jahr der Ziege wünschen. Ein Monat zeigt aber auch Wirkung in Form eines Sinns für das Praktische.

 Der Hahn wird von der Kraft der Ziege aus seiner Fantasiewelt auf den Boden der Tatsachen geholt. Das gefällt ihm zwar nicht sonderlich, ermöglicht ihm aber seinen Intellekt nutzbringend einzusetzen.

 Der Hund hat im Ziege-Monat womöglich Scherereien. Sein ausgewogenes Wesen bekommt nun auf einmal einseitig Verstärkung und gerät aus dem Gleichgewicht.

 Das Schwein lernt sich unter Einfluss der Ziege im emotionalen Bereich ein wenig zu disziplinieren und seine Zornausbrüche zu kontrollieren. Was es nun aber ein wenig langweilig macht.

RAUM FÜR NOTIZEN

Ihr Tierkreiszeichen im Monat des Affen

 Vielleicht sind Sie diesen Monat zu eigenartigen Späßen aufgelegt? Entdecken Sie diese Seite an sich und leben Sie sie.

 Der Affe wirkt wie der vollkommene Gegensatz zum Büffel, lebhaft, vom Drang nach Neuem getragen. Diese Verbindung kann auf intellektueller Ebene fruchtbar sein und dem Büffel neue, gute Ideen bringen.

 Der Tiger stürzt sich mit neuer Energie und Wissensdurst in neue Projekte oder nimmt alte mit frischer Kraft wieder auf. Die Energie des Affen hilft ihm, sich nicht in eine Richtung festzufahren.

 Der Hase kann die Neugier und das Streben nach Erkenntnis, das ihm vom Affen verliehen wird, positiv für seine eigenen Ziele und Lebensvorstellungen nutzen.

 Der Drache kann von den Anregungen, die ihm die Zeit des Affen beschert und die für ihn neu und ungewohnt sind, allerhand Gutes für sich gewinnen.

 Der Wissensdurst der Schlange ist sowieso schon unersättlich, unter dem Einfluss des Affen kann er sich noch verstärken. Vielleicht treibt der Affe mit seiner Neugier die Schlange aber in ganz neue Gebiete.

 Das Pferd verbringt diesen Monat wahrscheinlich frohgemut und mit doppelter Lebensfreude und doppeltem Lebensmut. Der Affe verleiht ihm eine Offenheit für Neues, die ihm sonst fehlt.

 Die Ziege blüht unter dem Einfluss des Affen regelrecht auf. Wenn die Neugier stärker ist als ihre Angst, bewältigt sie mit ihrer Zähigkeit Probleme, bei denen der Affe längst das Handtuch geworfen hätte.

 Der Affe unterliegt in seinem Monat einer erhöhten Gefahr, sich restlos zu verzetteln. Er guckt in alle Ecken einmal, seine Neugier treibt ihn aber sofort weiter und so vollendet er nichts.

 Der Hahn hat im Monat des Affen die Möglichkeit seinen scharfen Verstand mit neuen Inhalten zu füttern und seine Energien einmal darauf und nicht auf sein Auftreten zu konzentrieren.

 Der Hund entdeckt vielleicht, dass es sich nicht lohnt, einer Sache treu zu sein, die es nicht mehr wert ist. Vielleicht entdeckt er neue Aufgaben, denen er sich mit all seinem Pflichteifer widmen kann.

 Die Neugier des Schweines ist in Verbindung mit der des Affen eine wahre Plage. Es muss alle Kräfte mobilisieren, um sich daran zu hindern, seinen Rüssel in Angelegenheiten zu stecken, die es nichts angehen.

RAUM FÜR NOTIZEN

Ihr Tierkreiszeichen im Monat des Hahns

Hahn- und Ratten-Energie ergänzen sich recht gut. Die Fähigkeit zur Selbstironie nimmt dem Ehrgeiz der Ratte bisweilen auf humorvolle Art den Stachel.

Der Hahn und der Büffel sind zwar sehr verschieden, doch wirkt die Energie des Hahnes auf den Büffel positiv anstachelnd und beflügelt ihn ein wenig.

Der Tiger ist wie der Hahn auf Publikum angewiesen, um leben zu können. Die Vereinigung dieser beiden kann zu schauerlichen Übertreibungen führen, die der Tiger vermeiden sollte.

Der Hase könnte in diesen Wochen mal ausprobieren, wie ihm so ein bisschen Exzentrik und Eitelkeit stehen. Er muss es ja nicht gleich übertreiben.

Der Hahn verpasst dem Drachen etwas von seiner aufgesetzten Überheblichkeit, was dessen natürlichen Würde Abbruch leistet. Der Drache sollte sich klar machen, dass er das gar nicht nötig hat.

Die Schlange wird durch die Energie des Hahns zu anderen Menschen getrieben und kann diese dann durch ihre messerscharfe Intelligenz gehörig beeindrucken.

Das Pferd ist in Gesellschaft derart liebenswürdig, dass es nun bloß nicht beginnen sollte, diese Qualität weiter kultivieren zu wollen, um damit nur das Gegenteil zu erreichen.

Die Ziege könnte ein bisschen Rummel um ihre Person durchaus gut vertragen, damit sie endlich einmal sieht, dass es durchaus einiges an ihr gibt, was bewunderungswürdig ist.

Der Affe ist ohnedies so pfiffig, dass ihn der Einfluss des Hahnes und dessen Befähigung, analytisch zu urteilen, nicht wirklich weiterbringt. Und Beständigkeit beschert ihm der Hahn auch nicht.

Der Hahn ist eigentlich ein lieber Kerl. Aber so völlig ungebremst und noch bestärkt in seinem Tun zeigt er sich nicht gerade von seiner besten Seite – auch wenn er das glaubt.

Der Hund und der Hahn ergeben ein harmonisches Gespann und die Natur des Hundes wird durch die Modifikation des Hahnes nur bereichert.

Das Schwein zeigt sich von der Wirkung des Hahnes relativ unbeeindruckt. Es kennt keine Allüren, und keine zehn Hähne können bei ihm welche hervorzaubern.

RAUM FÜR NOTIZEN

Ihr Tierkreiszeichen im Monat des Hundes

 Der Hund ist von Haus aus misstrauisch, die Ratte verbirgt ihre Gefühle aus Angst, verletzt zu werden. Passen Sie auf, dass Sie sich nicht völlig verkapseln.

 Ihr Bedürfnis nach Harmonie wird in dieser Zeit noch größer als gewöhnlich sein. Passen Sie auf, dass Sie deswegen nicht allzu viele Probleme unter den Tisch kehren.

 Die Treue des Hundes kann den Tiger dazu verleiten seine Projekte mit noch größerer Beständigkeit zu verfolgen und verhindert, dass er sich einmal darüber klar wird, ob er hierzu den richtigen Weg geht.

 Hase und Hund bestärken sich in ihren Schwächen wie auch in ihren Vorzügen. Wenn Sie ein Hase sind, sollten Sie sich in diesem Monat auf Ihre Stärken konzentrieren.

 Der Drache lernt vom Hund, wie wohltuend es sein kann, auch einmal nachzugeben. Besser gesagt – er könnte es lernen, wenn er sich überhaupt einmal dazu herabließe, von anderen Ratschläge anzunehmen.

 Die Schlange entdeckt im Monat des Hundes womöglich, wie schön es sein kann innige Beziehungen mit anderen Menschen zu pflegen und wie gut es tut sich diesen zu öffnen.

 Das Pferd und der Hund bilden eine harmonische symbiotische Einheit, weshalb auch das Pferd in diesem Monat viele seiner Defizite ausgleichen und seine Stärken ausbauen kann.

 Die Ziege ist dem Hund in gewisser Weise ähnlich. Andererseits teilt sie aber nicht seinen Gefühlsreichtum und seine Herzlichkeit, die in diesem Zeitraum positiv auf sie abfärben.

 Der Affe findet auch im Hund einen relativen Gegenpol und erfreut sich in diesem Monat einer untypischen Beharrlichkeit und Zielstrebigkeit.

 Der Hahn findet in der Energie des Hundes einen Ausgleich für seine Kopflastigkeit und handelt nun auch einmal aus dem Bauch heraus, was ihm gut bekommt.

 Der Hund im Monat Hund lässt jene Belebung vermissen, die zwei Tierkreiszeichen immer voneinander erfahren, seien sie sich auch noch so ähnlich.

 Das Schwein kann die Komponenten, die durch die Hunde-Energie hinzukommen, wunderbar in seine Persönlichkeit integrieren und wird durch sie noch sympathischer.

RAUM FÜR NOTIZEN

Ihr Tierkreiszeichen im Monat des Schweins

 Das Schwein ist für die Ratte eine ausgezeichnete Ergänzung: Durch sein Streben nach Wahrheit bringt es die Ratte dazu, über ihre eigenen Ziele nachzudenken.

 Diese Wochen scheinen mehr als andere dem Gesetz, dass alles dem Chaos zustrebt, zu unterliegen. Der Büffel muss viel Energie darauf verwenden seine geschätzte Ordnung in allen Bereichen zu erhalten.

 Der Tiger, der mit seinen ewigen Belehrungen ohnehin schon des öfteren Grenzen überschreitet, muss im Monat des Schweins besonders darauf achten keine Taktlosigkeit zu begehen.

 Der Hase ist so sehr auf seine Familie, sein häusliches Umfeld konzentriert, dass er kaum über diesen Rand hinausblickt. Das Schwein guckt gerne und ausgiebig, was auch dem Hasen neue Perspektiven eröffnet.

 Der Drache, der dazu neigt sich sowieso als über allen anderen stehend zu betrachten und sich gegenüber anderen Rechte nimmt, die er diesen nicht einräumt, kann in diesem Monat ein richtiges Schwein sein.

 Die Schlange erfährt durch die Einfachheit und Ungekünsteltheit des Schweines eine erfrischende Neuerung ihres sonst so verschlossenen Wesens.

 Das Pferd wird mit der Energie des Schweins besonders liebenswürdig. Es ist nicht mehr gar so egozentrisch und zielgerichtet, schaut auch mal nach rechts und links.

 Die Ziege kann durch die Energie des Schweins ein wenig ihr Selbstvertrauen stärken und sich im Umgang mit anderen Menschen behaupten.

 Der Affe wird im Monat des Schweins noch unmöglicher, was seine Flatterhaftigkeit betrifft. Auf der Suche nach Wahrheit haben nämlich beide keine Zeit tiefer in eine Sache einzudringen.

 Des Hahn wird durch die Neugier und den Wissensdurst des Schweins animiert, den Blick auch mal auf andere zu richten, und kann sich sogar zum richtig netten Gesprächspartner entwickeln.

 Der Hund teilt mit dem Schwein seinen ausgeprägten Gerechtigkeitssinn und seine grenzenlose Aufrichtigkeit. Zum Glück liegt beiden die Rolle des Missionars fern.

 Das Schwein ist durch und durch Schwein in seinem Monat und besticht mehr denn je durch seine Offenheit und sein großes Talent zum Plaudern.

RAUM FÜR NOTIZEN

RAUM FÜR NOTIZEN

BAGUA ZUM HERAUSSCHNEIDEN

PARTNERSCHAFT Südwesten	KINDER Westen	HILFREICHE FREUNDE Nordwesten
RUHM Süden	TAI CHI Mitte	KARRIERE Norden
REICHTUM Südosten	FAMILIE Osten	WISSEN Nordosten

Eingangsseite

RAUM FÜR NOTIZEN